AF372786

स्वर्णिम जीवन

(स्वर्णिम मुक्तक)

प्रणेता

विश्वकीर्तिमानक

डॉ. ओम् जोशी

दिल्ली-110089, (भारत)

प्रथम संस्करण : 2021
ISBN : 978-93-90889-88-4

प्रखर गूँज पब्लिकेशन
एच-3/2, सेक्टर-18, रोहिणी, दिल्ली-110089
दूरभाष : 7982710571, 7838505899, 011-27851059

मूल्य : 250 /-

अक्षरांकनः डॉ. वन्दना जोशी

स्वर्णिम जीवन (स्वर्णिम मुक्तक)

प्रणेता
विश्वकीर्तिमानक
डॉ. ओमू जोशी

Swarnim Jeevan (Quatrains)
By : World Record Holder
Dr. Om Joshi

Published by

PRAKHAR GOONJ PUBLICATION

Delhi - 110089

E-mail : prakhargoonj@gmail.com

sinha.neelu123@gmail.com

011-27851059, 7982710571, 7838505899

web : prakhargoonjpublications.com

सहज समर्पण....

समादरणीय श्रीयुत विद्याभूषणजी चौधरी को..
जिन्होंने मेरे स्वर्णिम जीवन में 'अमृत' घोला।

स्वर्णिम जीवन कैसे सम्भव ?

विश्वकीर्तिमानक कवि डॉ. ओम् जोशीजी की प्रस्तुत रचना **'स्वर्णिम जीवन'** नामक मुक्तक संग्रह में काव्य के अनूठे सौन्दर्य से मण्डित और सुसज्जित ऐसे पाँच सौ ग्यारह मुक्तक हैं, जो पारिजात पुष्पों की आभा लिए कवि की लेखनी से निर्बाध झरे हैं। रचनाकार की अद्भुत से भी अद्भुत कवित्वशक्ति इन मानक और मौलिक मुक्तकों में स्वतः परिलक्षित होती है। मुक्तकों के वैराज्य और डॉ. ओम् जोशीजी के काव्य साम्राज्य का अद्भुत और अपूर्व समन्वय है यह मुक्तक संग्रह – **'स्वर्णिम जीवन'**। जोशीजी के विषय में मैंने कभी एक 'घनाक्षरी' नामक छन्द में लिखा भी था –

काव्य का नशा विचित्र सोच लीजिएगा मित्र,
त्याग मत देना देख सोम के प्रताप को।
करता रहा है शब्द साधना सरस्वती की,
और मानता रहा है व्योम के प्रताप को।।
सूरज की रौशनी को ज्ञान में समेट लेता,
लाँघता रहा है तमतोम के प्रताप को।
एक बात बोलूँ ओम् जोशी सा नहीं है कवि,
व्यक्ति जानता नहीं है ओम् के प्रताप को।।

हिन्दी से लेकर अन्य भाषाओं में भी मध्यप्रदेश के **'मालवा'** क्षेत्र के कवियों ने सकल विश्व में अपनी लेखनी का लोहा पुजवाया है। साहित्य सृष्टि के प्रारम्भ से ही यहाँ महान् कवियों की एक लम्बी श्रृंखला रही है। यह धरा कई महान कवियों की जन्मस्थली, तो अनेक

रचनाशिल्पियों की कर्मस्थली भी रही है। यहाँ जन्मे कवियों की इसी श्रृंखला में विद्वद्धरैण्य डॉ. ओम् जोशी का **'विश्वकीर्तिमानक'** कवि होना 'मालवा' की धरती के लिए ही नहीं, अपितु, हिन्दी साहित्य और भाषा के लिए भी गौरवास्पद है। वे संस्कृत के उद्भट विद्वान् हैं, तो हिन्दी और 'मालवी' लोकभाषा पर उनका असाधारण से भी असाधारण अधिकार भी है। वर्तमान में जब हिन्दी की वर्तनी तक को सही न लिखनेवाले लोग अपने कन्धे फुला फुलाकर चल रहे हों और स्वयं को हिन्दी का स्वयंभू 'महाकवि' घोषित कर रहे हों, तब समाज को **डॉ. ओम् जोशी** जैसे अपूर्व कवियों की आभा से परिचित होना आवश्यक है, जिनकी लेखनी से कविताकायी पयस्विनी 'मन्दाकिनी' निर्बाधगति से अनवरत प्रवाहित हो रही है। कविता कवि के हृदय से स्वतः निःसृत होती है और पाठकों, श्रोताओं के हृदय तक प्रत्यक्ष पहुँचती भी है। यही कारण है कि इसका प्रभाव तीव्रतम एवं सुस्थायी होता है।

श्री जोशीजी को मैं एक नैसर्गिक और स्वाभाविक कवि के रूप में स्वीकारता हूँ। उन पर **'शब्दब्रह्म'** की ऐसी विराटतम कृपा है, जिससे वे किसी भी परिस्थिति विशेष अथवा सामान्य स्थिति में भी कविता सृजित कर सकते हैं। मुझ जैसों को प्रायः ऐसा ही अद्भुत आभास होता है कि छन्द स्वयं उनके काव्यभावों का अवलोकन करने लगते हैं।

'मुक्तक' काव्य या कविता का वह प्रकार है, जिसमें प्रबन्धकीयता नहीं होती। इसमें एक छन्द में अभिव्यक्त बात का दूसरे छन्द में कही गई बात से कोई सम्बन्ध या तारतम्य होना आवश्यक नहीं है। स्फुट दोहे और विभिन्न पद, कुण्डली, घनाक्षरी आदि यदि, स्वतन्त्र अर्थ देते हैं, तो वे सभी मुक्तक रचनाएँ ही हैं। मुक्तकों में रस का अभिनिवेश या प्रतिष्ठा ही उसके रूपाकार की व्यवस्थापिका है और कवि द्वारा उसी का आश्रय लेना औचित्य है। इस दृष्टि से इस रचना का मुक्तक क्रमांक ५०४ द्रष्टव्य –

शब्दवाद्य पर कविता प्रिय संगीत सुनाती।
भावमग्न रखती श्रोता को बहुत रिझाती।।
मन के घावों को सहला दुख मेट हृदय के।
अति अद्भुत सुख के सागर में त्वरित डुबाती।।

मैं कवि को शिक्षक या उपदेशक भी नहीं स्वीकारता हूँ। वह तो अपनी स्वान्तः सुखाय बात रखनेवाला अक्खड़, मस्तमौला व्यक्तित्त्व होता है, जिसे अपने भावों को व्यक्त करने का जुनून होता है। कवि का, सीख देने का उद्देश्य न होते हुए भी उसमें शिक्षा देती कोई अभिव्यक्ति व्यक्त हो जाए, तो वह समाज के लिए हितकर और प्रियकर यथार्थ की विशेष उपलब्धि हो जाती है। ऐसे ही फक्कड़ कवि जोशीजी हैं, जो अपने इन्हीं भावों में जगत को सीख भी देते चलते हैं –

भ्रम की ऊँची दीवारें तुम खड़ी न करना।
चक्रवात सम संकट में भी धीरज धरना।।
रहो सदा निशंक, प्रखरतम, निर्भय, निर्गुण।
सतत ध्यान सत्कर्मों में आजीवन रखना।।

मुक्तकों में उत्तरोत्तर दृश्यों द्वारा संगठित पूर्ण जीवन या उसके किसी पूर्ण अंग का प्रदर्शन नहीं होता, अपितु, एक रमणीय खण्ड दृश्य इस प्रकार सहसा सामने प्रस्तुत कर दिया जाता है कि पाठक या श्रोता कुछ क्षणों तक के लिए मन्त्रमुग्ध सा हो ही जाता है। इसके लिए कवि को मनोरम वस्तुओं और व्यापारों का एक छोटा सा स्तबक/काव्य गुच्छ कल्पित करके उसे अत्यन्त संक्षिप्त और सशक्त भाषा में प्रदर्शित करना पड़ता है। मुक्तक ही काव्य की वह विधा भी है, जिसमें कथा का पूर्वापर सम्बन्ध न होते हुए भी त्वरित गति से साधारणीकरण करने की अपूर्व से भी अपूर्व क्षमता भी होती है। वक्रोक्तिजीवितकार आचार्य ‘कुन्तक’ ने भी काव्य के दो प्रधान गुणों में एक औचित्य माना है, दूसरा है सौभाग्य। औचित्य और सौभाग्य की दृष्टि से भी श्री जोशीजी का

एक 'मुक्तक' बहुत अधिक प्रासंगिक और स्वाभाविक बन पड़ा है –

'नाचो, गाओ, धूम मचाओ, गीत सुनाओ।
करो दिव्य संवाद नित्य आनन्द मनाओ'।।
पास बिठा 'प्रिय' चहक प्रेयसी बोली मन से।
'स्वप्न प्रणय के युगों युगों तक मधुर रचाओ'।।

जब कभी मुक्तक के भावपक्ष पर चर्चा होती है, तो एक बहुत महत्त्वपूर्ण और प्रासंगिक प्रश्न उठता है कि इसके भावपक्ष का केन्द्र बिन्दु क्या होना चाहिए ? अगर, हम डॉ. ओम् जोशीजी की प्रस्तुत रचना के अधिकांश मुक्तकों को ध्यान से देखें और पढ़ें तो हम 'अनुभव' करेंगे कि उन्होंने मात्र चार पंक्तियों में ही लघुता तथा प्रभुता सम्पन्न भावों का एकाकार कर दिया है और वे दूध और पानी जैसे परस्पर इस प्रकार घुल मिल गए हैं कि एक के बिना दूसरे की कल्पना ही नहीं जा सकती अर्थात् वे एक दूसरे के पूरक प्रतीत होते हैं। यदि, संक्षेप में कहा जाए तो, मानवमूल्य के रक्षार्थ उत्तम और सार्थक सन्देश पहुँचाना ही इन मुक्तकों का भाव है और यही इनका कलाबोध भी। मुक्तक की प्रथम दो पंक्तियाँ तुकान्त होती हैं। तीसरी पंक्ति तुकान्त नहीं होती, जबकि, चौथी पंक्ति पहली और दूसरी पंक्ति जैसी ही तुकान्त होती है। वस्तुतः ऐसा होने के पीछे मैं इस तथ्य को स्वीकार करता हूँ कि मुक्तक की आत्मा में मर्म के निकट पहुँचने की तीव्रता का संवेग भी इसी कारण ही होता है, जो सर्वथा सत्य भी है।

हम और आप प्रायः ऐसा सोच भी सकते हैं कि 'मुक्तक' तो काव्य साहित्य की लघु विधा है, किन्तु, हम यह भूल जाते हैं कि मुक्तक अपने स्वभाव और प्रकृति से तो लघु है ही नहीं, साथ ही इनके शिल्प और भाव दोनों में ही आश्चर्यजनक वेधक क्षमता है, जो पाठक के हृदय और मस्तिष्क दोनों पर विशिष्टतम सुस्थायी प्रभाव छोड़ जाती है।

मुक्तक कहने या लिखने की पद्धति ही वास्तव में मुक्तक की वह संजीवनी शक्ति है, जो उसमें प्राणों का विधिवत् संचार करती है। मुक्तक रचना करते समय डॉ. जोशी कुछ ऐसी शब्दावलियों का विशिष्टतम और सार्थक प्रयोग करते हैं, जो हमारी कल्पनाशक्ति को बढ़ाती है। हमारे प्राचीन आचार्यों के अनुसार कवि की कथन शैली ही मन की आत्मिक शक्ति को स्वतः उद्भूत करती है। विविध अलंकारों का सौन्दर्य कल्पना पर ही आधारित होता है, परन्तु, यह बात विशेष रूप से उल्लेखनीय है कि कल्पनाशीलता जब हृदय की अनुभूति पर आधारित होती है, तभी कविता कल्पनातीत होती है। कल्पना कलाबाज़ी नहीं है, वह तो शक्ति है, महाशक्ति है ही।

मुक्तकों के विविध रूप देखने, सुनने में आते हैं, किन्तु, पचास हज़ार से भी अधिक मानक मुक्तकों के सापेक्ष सृजनकर्ता डॉ. ओम् जोशी का नामांकन किसी अनुपम दक्ष परिचय से कम नहीं। मुक्तक सृजन में डॉ. जोशी अनूठे हैं। उनके मुक्तकों में भावसलिला का गतिशील और रम्य प्रवाह है। उनके अपने अन्तर्मन की सम्पुष्ट संवेदनाएँ और उनकी टीस से स्फुट शब्दसन्धान प्रत्यक्षतः पाठक के मर्म पर आकर थम से जाते हैं। वे अद्भुत भावबोध के सम्यक् समर्थक और साधन संयोजन से जुड़े हुए भी हैं। वे जब हिन्दी के काव्य पटल पर अपने भावाक्षर उकेरते हैं, तो प्रतीत होता है कि उनका शब्द शब्द बोल रहा है। अव्यक्त को आधिकारिक रूप से व्यक्त कर विचारों को अकल्पनीय विस्तार देने की क्षमता उनके काव्य व्यक्तित्व में कूट कूट कर भरी हुई है।

विषमता और आपाधापी भरे इस वर्तमान युग में हर व्यक्ति विकलता और असहजता का अनुभव कर रहा है। इसके उपरान्त भी कौन नहीं चाहेगा कि उसका जीवन **'स्वर्णिम'** न हो। किन्तु, **स्वर्णिम जीवन कैसे सम्भव है ?** इसके मानक, सर्वसुखद, सम्मोहक और अपूर्व उपाय डॉ. ओम् जोशी की इस मुक्तक रचना **'स्वर्णिम जीवन'** में सहसा, अनायास और पदे पदे उपलब्ध हैं।

'स्वर्णिम जीवन' रचना का अन्तिम मुक्तक प्रस्तुत मुक्तक संग्रह के शीर्षक और स्वरूप को भी स्वतः प्रमाणित और सिद्ध कर रहा है –

अन्यों के अनुभव से समुचित लाभ उठाएँ।
प्रायः चिन्तन/ज्ञान/मनन में समय बिताएँ।।
मात/पिता को प्रतिदिन/प्रतिपल आदर दें ही।
बस.. ऐसे ही 'स्वर्णिम जीवन' सफल बनाएँ।।

हृदय से आशा करता हूँ कि प्रस्तुत मुक्तक संग्रह **'स्वर्णिम जीवन'** हिन्दी साहित्य के काव्य जगत में समादृत तो होगा ही होगा, पाठकों के लिए संग्रहणीय तथा वक्ताओं के लिए उद्धरणीय भी होगा। और अब अन्त में.. इन श्रेष्ठ मुक्तकों के रचयिता डॉ. ओमू जोशी के लिए कहना चाहूँगा कि **'शिखर'** सभी का अभीष्ट होता है और मैं उनके शिखर पर बने रहने की हार्दिक मंगलकामनाएँ करता हूँ। इत्यलम्। प्रणाम।

विक्रम संवत् २०७८,

गंगा दशहरा,

रविवार, २० जून २०२१

शुभेच्छु

गिरेन्द्रसिंह भदौरिया 'प्राण'

'वृत्तायन', ५६७, स्कीम, ५१
इन्दौर, मध्यप्रदेश

श्रीः

स्वर्णिम जीवन

(स्वर्णिम मुक्तक)

१. अतुलित सुख

विमल विचारों से निश्चित अतुलित सुख वर्धित।
परम्परा, निज वंश, देश पर रहिए गर्वित।।
सदा यत्न करिए सबको पुलकित करने ही।
शुभकर्मों से मनुज विश्व में अनुपम चर्चित।।

२. सूर्य बनाएँ

सत्कर्मों में प्रतिदिन अविचल ध्यान रमाएँ।
अपने मन के भ्रम/भेदों को त्वरित मिटाएँ।।
मात, पिता, गुरुओं, वृद्धों की सेवा करके।
अपने स्वर्णिम जीवन को हम सूर्य बनाएँ।।

३. प्रभु की पूजा

प्रभु की पूजा समझ कर्म सब अद्भुत करिए।
पापों से तो निश्चित ही आजीवन डरिए।।
जब जप/तप में ध्यान ना रमे सम्यक् तब ही।
दिव्य ज्ञान की विविध पुस्तकें मन से पढ़िए।।

४. गगन में दुर्ग

अगर, आत्मविश्वास, गगन में दुर्ग बनाएँ।
आजीवन इतिहास विलक्षण स्वयं रचाएँ।।
बिना आत्मविश्वास सफलता ना आकाशी।
निज मन में विश्वास अलौकिक अतः, जगाएँ।।

५. सद्विचार

सद्विचार ज्यों सचमुच अद्भुत कोष विलक्षण।
शान्ति इसी से, सुख भी आजीवन ही हर क्षण।।
सद्विचार अपनाओ मानव ! निर्मल मन से।
सहज जीत सकते हो इससे ही जीवन रण।।

६. विलक्षण प्रीत

सद्विचार से दिशा दिशा में जीत वस्तुतः।
सद्विचार से शान्ति कल्पनातीत वस्तुतः।।
इनसे निश्चित आजीवन आनन्द अनूठे।
करिए इनसे नित्य विलक्षण प्रीत वस्तुतः।।

७. अति उदारता

अति उदारता हर मानव के कष्ट मिटाती।
यही वस्तुतः अतिप्रसन्नता निश्चित लाती।।
अपनाए इसलिए जगत भी नित उदारता।
दीन/दुखी को यही सर्वतः सुख पहुँचाती।।

८. दान

दान आदि से सचमुच आय विलक्षण वर्धित।
निर्धन पाकर दान सर्वथा अद्भुत हर्षित।।
पुण्य कमाने का भी साधन 'दान' वस्तुतः।
इसी दान से 'कर्ण' विश्व में भारी चर्चित।।

९. मुसकान

दुख में भी सुख ही देती मुसकान वस्तुतः।
'औषधि' अद्भुत, यह कहता विज्ञान वस्तुतः।।
तन/मन स्वस्थ इसी से अनुपम अनायास ही।
यही ईश का दिव्य दिव्य 'वरदान' वस्तुतः।।

१०. हास परिहास

यदि, सुख से जीना हो, तो तुम हँसो, हँसाओ।
करो हास परिहास, विश्व के कष्ट मिटाओ।।
'हँसने से नीरोग मनुज', यह स्वतः प्रमाणित।
झट बिखेर मुसकान सभी को सुख पहुँचाओ।।

११. सत्प्रयास

अकर्मण्य को आजीवन ही घोर विफलता।
सत्प्रयास से सुलभ सर्वतः उच्च सफलता।।
कौन सफल ना, पा आशीष बड़ों के जग में ?
कभी न सम्भव भक्ति वस्तुतः बिना सहजता।।

१२. केवल सुख ही

घोर मोहमाया से निश्चित भारी दुख ही।
सभी दुखों का अन्त सर्वदा केवल सुख ही।।
जीवन सरिता के तट ही सुख/दुख ये दोनों।
इन्हें प्रदर्शित करता पल में मानव मुख ही।।

१३. तिरस्कार

कभी किसी का तिरस्कार बिलकुल ना करिए।
सुख हो या दुख, आनन्दित प्रतिपल ही रहिए।।
सत्य, धर्म, नैतिकता, शुचिता, सदाचरण से।
मधुर मधुर सम्बन्ध सर्वदा जोड़े रखिए।।

१४. सच्चा सोना

संयम/सेवा/स्वास्थ्य वस्तुतः कभी न खोना।
सदा समय को मानो उज्ज्वल/सच्चा सोना।।
घोर घोर संकट भी आएँ प्रतिदिन चाहे।
धीरज रख दिनरात, व्यर्थ बिलकुल ना रोना।।

१५. कष्ट निवारण

अतिचंचल मन प्रायः विपदाओं का कारण।
सदा सुखी रहने कर लें हम धीरज धारण।।
अनासक्त रह कार्य करें ही शुद्ध हृदय से।
हम दीनों का करें सहज ही कष्ट निवारण।।

१६. निर्मल प्रीत

जो ना करते अन्यों को भयभीत वस्तुतः।
रखते ही जो सबसे निर्मल प्रीत वस्तुतः।।
जो भी मानव अहित किसी का नहीं सोचते।
वे निश्चित ही यह जग लेते जीत वस्तुतः।।

१७. बरखा रानी

जन जन के दुख सहज मिटाती बरखा रानी।
प्रिय धरती की प्यास बुझाती बरखा रानी।।
इसे देख बच्चे काग़ज़ की नाव चलाते।
बोलो किसको नहीं रिझाती बरखा रानी !!

१८. सुन्दर झरने

चाँदी जैसा रूप रचाते सुन्दर झरने।
मनमोहक संगीत सुनाते गतिमय झरने।।
इनकी आभा अति आकर्षक/रम्य/निराली।
मानो अनुपम चित्र सजाते मोहक झरने।।

१९. प्यारे पंछी

नील गगन में उड़ बतियाते प्यारे पंछी।
ज्यों अपनों से मिल हरषाते न्यारे पंछी।।
पंक्तिबद्ध ये सचमुच अनुशासित ही रहते।
निज शिशुओं को नित दुलराते सारे पंछी।।

२०. बादल जैसे

हरिण वनों में उड़ी लगाते बादल जैसे।
इधर उधर वे आते, जाते बादल जैसे।।
उनकी चंचलता तो बस..उनकी चंचलता।
गतिमय वे अद्भुत लहराते बादल जैसे।।

२१. गाँव हमारा

सुन्दर, प्यारा, सबसे न्यारा गाँव हमारा।
जन जन की आँखों का तारा गाँव हमारा।।
खेत यहाँ हरियाले, छम छम मोर नचाते।
नित्य बहाता 'अमृतधारा' गाँव हमारा।।

२२. चन्दा मामा

नभ में धूम मचा इतराता चन्दा मामा।
साथ चाँदनी के हरषाता चन्दा मामा।।
इससे मिलने कौन नहीं उत्सुक इस जग में !
बच्चों से मन मन बतियाता चन्दा मामा।।

२३. लहराते सागर

सबको अद्भुत सुख देते लहराते सागर।
मेघ देख नभ में, भारी इतराते सागर।।
इनकी लहरें प्रतिपल बलखातीं, हरषातीं।
रम्य तटों से मिल प्रतिपल मुसकाते सागर।।

२४. पेड़ लगाएँ

दृढ़ संकल्प विशेष करें हम पेड़ लगाएँ।
मेघ बुलाने हर आँगन में पेड़ लगाएँ।।
नन्दनवन सम हरा भरा परिवेश इन्हीं से।
सदा स्वस्थ रहने जीवन में पेड़ लगाएँ।।

२५. गुरुजी कहते

गुरुजी कहते - 'झूठ कभी भी नहीं बोलना।
चाहे जिसको मन की बातें नहीं खोलना।।
सदा अध्ययन मन से करना, 'योग' लगाना।
कहने के पहले वचनों को स्वयं तोलना'।।

२६. ना भरमाएँ

आजीवन ही व्यर्थ किसी को ना भरमाएँ।
तन, मन, धन, प्रतिभा, यौवन पर ना इतराएँ।।
हँसिए और हँसाएँ सबको सदा हृदय से।
काव्य, शास्त्र, चिन्तन में प्रतिदिन समय बिताएँ।।

२७. जंगल सारे

मेघों से मिल मिल हरषाते जंगल प्यारे।
विहगों के नवनीड़ सजाते जंगल न्यारे।।
वन्यप्राणियों के निवास ये युगों युगों से।
नदियों का नवरूप रचाते जंगल सारे।।

२८. प्यारी अम्मा

कितने कितने कष्ट उठाती प्यारी अम्मा !
घर के पैसे बहुत बचाती प्यारी अम्मा।।
खुद भूखी रह प्रिय बच्चों की भूख मिटाती।
फिर भी..जूही सी मुसकाती प्यारी अम्मा।।

२९. नभ में तारे

रातों में झिलमिल करते हैं नभ में तारे।
सचमुच बहुत दूर रहते हैं नभ में तारे।।
जब जब काली रात अमावस्या की आती।
चन्दा जैसे ही हँसते हैं नभ में तारे।।

३०. सूरज दादा

प्रतिदिन प्रातः जग उजलाते सूरज दादा।
साथ अरुण/किरणों के आते सूरज दादा।।
चहक विहग तब उनका स्वागत करते मन से।
बोलो किसको ना चमकाते सूरज दादा !!

३१. स्वर्णिम किरणें

बड़ी भोर इठलाती आतीं स्वर्णिम किरणें।
सिन्दूरी सूरज को लातीं स्वर्णिम किरणें।।
उज्ज्वल उज्ज्वल कर देतीं ये सकल सृष्टि को।
निज प्रभाव अद्भुत दिखलातीं स्वर्णिम किरणें।।

३२. मधुर चाँदनी

साँझ ढले प्रिय शशि ले आती मधुर चाँदनी।
केवल शीतलता पहुँचाती मधुर चाँदनी।।
ताल/तलैया/नदियाँ/नद/झीलें खुश इससे।
अति अद्भुत आनन्द लुटाती मधुर चाँदनी।।

३३. मृग छौने

उड़ी गगन में बहुत लगाते हैं मृग छौने।
रूप प्रकृति का रम्य खिलाते हैं मृग छौने।।
नित दुलराती मन से इनको धरती माता।
दृश्य विलक्षण सदा रचाते हैं मृग छौने।।

३४. साँझ सुहानी

विहग घोंसलों तक पहुँचाती साँझ सुहानी।
सूरज अपने घर ले जाती साँझ सुहानी।।
उदित चन्द्र का मुदित हृदय से स्वागत करती।
बोलो किसको नहीं लुभाती साँझ सुहानी ?

३५. बरखा

रिमझिम रिमझिम बरखा आई मेरे अँगना।
नव जीवन की खुशियाँ लाई मेरे अँगना।।
पशु/पक्षी सब झूम उठे मिल मिल बरखा से।
गूँजी कोयल की शहनाई मेरे अँगना।।

३६. सावन आता

हरियाली बिखरा लहराता सावन आता।
जलाशयों को नित हरषाता सावन आता।।
कोयल, मोर, पपीहे, दादुर पुलकित करने।
अमृतधार सतत बरसाता सावन आता।।

३७. हरषाते उपवन

सुन्दर सुन्दर फूल खिला हरषाते उपवन।
सुख के झूलों में सबको झुलवाते उपवन।।
प्रिय/मनमोहक ये निवास हैं सब विहगों के।
बच्चों से मिल मिल खुशियाँ बरसाते उपवन।।

३८. अनुपम नदियाँ

सब जीवों की प्यास बुझातीं रसमय नदियाँ।
कल कल कल संगीत सुनातीं गतिमय नदियाँ।।
हरा भरा करतीं खेतों को पहुँचा पानी।
शशि सम शीतलता पहुँचातीं अनुपम नदियाँ।।

३९. हँसते रहिए

यदि, आनन्द अमोलक पाना, हँसते रहिए।
यदि, यह जीवन सुखी बनाना, हँसते रहिए।।
हँसने से ही स्वस्थ मनुज, विज्ञान बोलता।
सचमुच यह अनमोल ख़ज़ाना, हँसते रहिए।।

४०. घिरी घटाएँ

चंचल मन सम्मोहित करतीं घिरी घटाएँ।
तपन धरा की सचमुच हरतीं घिरी घटाएँ।।
बच्चों से बूढ़ों तक सबको खुशियाँ देतीं।
अमृतधारा जैसी झरतीं घिरी घटाएँ।।

४१. सुन्दर पनघट

सचमुच सबकी प्यास बुझाते सुन्दर पनघट।
तृषितों को झट पास बुलाते सुन्दर पनघट।।
सामाजिक समरसता के अनुपम प्रतीक ये।
बोलो किसको नहीं लुभाते सुन्दर पनघट !!

४२. अनुपम कविता

प्रिय रसिकों को नित सरसाती अद्भुत कविता।
निर्झर सा संगीत सुनाती मधुरिम कविता।।
हरषाती, सुख बरसाती, मन मन मदमाती।
मानो इतराती, इठलाती अनुपम कविता।।

४३. गीत सुरीले

स्वर्ग तुल्य ही सुख पहुँचाते गीत सुरीले।
मोर तुल्य ठुमके लगवाते गीत सुरीले।।
अमृत बरसाते, सरसाते, सहज झुमाते।
रसिकों को प्रतिपल नचवाते गीत सुरीले।।

४४. ग़ज़लें प्यारी

भावमग्न सबको करवातीं ग़ज़लें प्यारी।
तुरत अंजुमन को महकातीं ग़ज़लें प्यारी।।
दिल बहलातीं, नचवातीं, ठुमके लगवातीं।
बोलो किसको ना हरषातीं ग़ज़लें प्यारी ?

४५. नभगंगा

रातों में तारों से बतियाती नभगंगा।
मुदित चन्द्र से मिल मिल मुसकाती नभगंगा।।
सदा अलौकिक आभा से आकर्षित करती।
अगणित अगणित विस्मय बढ़वाती नभगंगा।।

४६. कोयल काली

अमराई से मिल मुसकाती कोयल काली।
नव वसन्त के गीत सुनातीं कोयल काली।।
कुहुक कुहुक सबको अद्भुत आकर्षित करती।
मानो बच्चों से बतियाती कोयल काली।।

४७. मानो, ना मानो

सदा तुम्हीं पर मुग्ध हृदय, मानो, ना मानो।
तुमसे सबसे अधिक प्रणय, मानो, ना मानो।।
जन्म जन्म तुम साथ निभाना, भूल न जाना।
प्रिय साजन ! बस यही विनय, मानो, ना मानो।।

४८. गौरैया

गली/मुहल्लों में न फुदकती अब गौरैया।
बना घोंसला नहीं चहकती अब गौरैया।।
किसे सुनाए वह विचलित मन के ये दुखड़े ?
दाने चुग चुग नहीं मटकती अब गौरैया।।

४९. यही निवेदन

विकल खगों की प्यास बुझाएँ, यही निवेदन।
जल कुण्डे घर में लटकाएँ, यही निवेदन।।
बोलो भीषण गरमी किसको ना तड़पाती ?
जीवदया का अलख जगाएँ, यही निवेदन।।

५०. तो प्रणय लुटाओ

अगर, तुम्हें प्रमुदित रहना, तो प्रणय लुटाओ।
अद्भुत भावों में बहना, तो प्रणय लुटाओ।।
प्रेम लुटाने से अनुपम शीतलता मन में।
दैविक सुख अनुभव करना, तो प्रणय लुटाओ।।

५१. तुम भी जानो

प्रणय मनुज को देव बनाता, तुम भी जानो।
यही हृदय में स्वर्ग बसाता, तुम भी जानो।।
सर्वाधिक सम्मोहित करता 'प्रेम' सत्यतः।
प्रणय अलौकिक स्वप्न रचाता, तुम भी जानो।।

५२. जीवन नियमित

सदा सर्वदा मन से रखना जीवन नियमित।
शुभकर्मों से उज्ज्वल करना जीवन नियमित।।
मानव जीवन रखें संयमित स्वतः यत्नतः।
योग लगाने से ही रहना जीवन नियमित।।

५३. आनन्द मनाओ

नाचो, गाओ, धूम मचाओ, गीत सुनाओ।
करो दिव्य संवाद नित्य आनन्द मनाओ।।
पास बिठा 'प्रिय' चहक प्रेयसी बोली मन से।
'स्वप्न प्रणय के युगों युगों तक मधुर रचाओ'।।

५४. तुम क्या जानो ?

प्रणय किसे ना सुख पहुँचाता, तुम क्या जानो ?
किसे न यह प्रतिपल तरसाता, तुम क्या जानो ?
कष्ट प्रणय के बहुत अधिक आनन्दित करते।
प्रणयमग्न मन मन मुसकाता, तुम क्या जानो ?

५५. बोल प्रणय के

बोल प्रणय के किसको ना आकर्षित करते !
वचन कोकिला के किसको हर्षित ना करते !!
अलख 'प्रणय' का रखें जगाए सदा हृदय में।
इसके अवसर कहो, किसे गर्वित ना करते !!

५६. यह सत्य जानिए

प्रणय बिना जीवन निष्फल, यह सत्य जानिए।
इससे मानव मन उज्ज्वल, यह सत्य जानिए।।
प्रणय अलौकिक भाव उच्चतम/अतिमनमोहक।
मनुज मुदित इससे प्रतिपल, यह सत्य जानिए।।

५७. चैतन्य रहो तुम

त्याग घोर आलस्य सदा चैतन्य रहो तुम।
आजीवन ही शुभकर्मों से धन्य रहो तुम।।
सहज प्रणय कर साथ चले जो भावमग्न ही।
उसके हित में नहीं कभी भी अन्य रहो तुम।।

५८. प्रणय निवेदन

प्रणय निवेदन अगर, विमल, तुम ना ठुकराना।
प्रेममग्न रह स्वयं कमल सम नित मुसकाना।।
सुख स्वर्गीय किसे ना देता 'प्रणय' शुद्धतः ?
प्रणय सफलता पाकर बिलकुल ना इतराना।।

५९. प्रणव साधना

जीवन अद्भुत सफल कराती प्रणव साधना।
मन में अनुपम भाव जगाती प्रणव साधना।।
यह मानव को दिव्य/अलौकिक सिद्धि/शक्ति दे।
देवपुरुष सम उसे बनाती प्रणव साधना।।

६०. प्रणय अलौकिक

जीवन में सब कुछ करवाता प्रणय अलौकिक।
स्वतः मनुज को सिद्ध बनाता प्रणय अलौकिक।।
मन के दुख भी हरता, स्वर्गाधिक सुख देता।
निश्चित 'भव' से पार लगाता प्रणय अलौकिक।।

६१. धरती हँसती

उमड़ घुमड़ जब बदरा आते, धरती हँसती।
विहगवृन्द नवगीत सुनाते, धरती हँसती।।
नियत समय पर जब..ऋतुएँ आतीं, इतरातीं।
जब जब फूल खिले मुसकाते, धरती हँसती।।

६२. यह तो बोलो

बादल किसको नहीं लुभाते ? यह तो बोलो।
जलधर किसको नहीं सुहाते ? यह तो बोलो।।
सरस/सुखद जीवन पातीं नदियाँ 'बदरा' से।
मेघा क्या क्या नहीं रचाते ? यह तो बोलो।।

६३. मोर ठुमकते

मेघों की शीतल आहट सुन मोर ठुमकते।
धरती में सोए मेंढक भी बहुत उचकते।।
सूखी नदियाँ नवजीवन पाने व्याकुल ही।
नववधुओं के नयनों में नव सपन उभरते।।

६४. प्रपंच

मुँह में राम, बग़ल में छुरियाँ कभी न रखिए।
कभी दोगलेपन से आजीवन ना रहिए।।
कभी नहीं पड़िए प्रपंच में, रहें विमल ही।
चाहे जो हो, झूठ वचन भी कभी न कहिए।।

६५. सदाचरण

सदाचरण से ही आजीवन जग में रहिए।
यदि, सम्भव हो, कष्ट निर्धनों के नित हरिए।।
घोर मतलबी लोग विश्व में, जान सत्य ही।
सावधान रह, कर्म विलक्षण प्रतिदिन करिए।।

६६. पूजें

मात/पिता से व्यर्थ अधिक ना व्यय करवाएँ।
निज समाज में उनको नीचा नहीं दिखाएँ।।
दे सम्मान उन्हें पूजें नित आदर से ही।
संकट, घोर तनावों से ही उन्हें बचाएँ।।

६७. अहं

घर/बाहर हम व्यर्थ कभी भी ना चिल्लाएँ।
धन/वैभव का अहं किसी को ना जतलाएँ।।
आशीषों से चक्रवात सम दुख टलते ही।
सभी बड़ों की सहज कृपा आजीवन पाएँ।।

६८. ना कुम्हलाएँ

मुरझाए फूलों जैसे हम ना कुम्हलाएँ।
शुष्क ताल सम बिलकुल सूखे ना रह जाएँ।।
लेकर शुभसंकल्प बढ़ें नित पवन तुल्य ही।
उच्च सफलताओं पर भी हम ना इतराएँ।।

६९. सज्जन

अपनेवाले अपनों को ही दुख पहुँचाते।
दुर्जन सज्जन को चाहे जब बहुत सताते।।
महादुष्ट प्रायः मन मन विचलित इस जग में।
करके ही सत्कर्म सहज सज्जन सुख पाते।।

७०. हितकर बातें

हितकर बातें कभी किसी की हम ना काटें।
इस जग में आए, तो ज्ञान विलक्षण बाँटें।।
सत्य/न्याय के पथ पर चलते कभी डिगें ना।
कभी किसी के तलवे बिलकुल भी ना चाटें।।

७१. सावधान

सावधान ही रहें सदा गौरैया जैसे।
पार लगाएँ दीन/दुखी को नैया जैसे।।
चुग़ली, चोरी, लूटपाट भी कभी करें ना।
सब पर नेह लुटाएँ अपनी मैया जैसे।।

७२. आगे बढ़ते जाएँ

पीछे मुड़ ना देखें, आगे बढ़ते जाएँ।
इस जग में जो दुष्ट, उन्हें हम मज़े चखाएँ।।
हृदय किसी का नहीं दुखाएँ व्यर्थ कभी भी।
जो निर्धन/विचलित, उनको हम गले लगाएँ।।

७३. अनुपम मित्र

भूतकाल हित प्रतिदिन विचलित कभी न रहिए।
चिन्ताएँ भी निज भविष्य की तनिक न करिए।।
वर्तमान को अद्भुत/अनुपम मित्र बनाएँ।
काल 'महोत्सव' जैसा ही, उससे ना डरिए।।

७४. अनुभव पाएँ

प्रतिदिन/प्रतिपल हम इस जग के अनुभव पाएँ।
धन के पीछे 'लोभी' सम ही कभी न जाएँ।।
जीवन का संगीत सुनें हम सब जीवों में।
सत्कर्मों से जन जन को स्वयमेव रिझाएँ।।

७५. भय ना खाएँ

जीवन में विपदाओं से हम भय ना खाएँ।
भरी सभा में केवल निज यश कभी न गाएँ।।
कार्य करें ऐसे, जिनसे प्रमुदित हो जनता।
गुरुनिन्दा हो जहाँ, वहाँ हम कभी न जाएँ।।

७६. व्यर्थ अभिमान

नहीं व्यर्थ अभिमान करें, प्रतिदिन मुसकाएँ।
परहित में ही निज जीवन हम सहज लगाएँ।।
कभी किसी को कष्ट तनिक भी ना दें जग में।
शुभकर्मों से स्वर्ग तुल्य सुख निश्चित पाएँ।।

७७. ना ठुकराएँ

धन/सोने को देख चपल मन ना ललचाएँ।
प्रणय विमलतम कभी किसी का ना ठुकराएँ।।
कोयल, मोर, पपीहा जैसे मधुरिम बोलें।
निज वैभव पर बहुत अधिक ही ना इतराएँ।।

७८. संवेदनशील रहें

धर्म/कर्म में अपना मन हम सहज रमाएँ।
अनुचित कर्मों से अपने को सदा बचाएँ।।
हम संवेदनशील रहें, प्रायः ना बहकें।
व्यर्थ घोर आरोप किसी पर नहीं लगाएँ।।

७९. ज्ञान की पूजा

करें 'ज्ञान' की पूजा, बिलकुल ना सकुचाएँ।
वृद्धों को उनका समुचित सम्मान दिलाएँ।।
जीवनपथ पर चलें 'सत्य' ही धार हृदय में।
दुखियों को भावुकता से नित गले लगाएँ।।

८०. निर्मल दर्पण

हम जितना उत्तम कर सकते, करें जगत में।
अद्भुत/निर्मल दर्पण जैसे रहें जगत में।।
सत्कर्मों का फल अनुपम ही, यह भी जानें।
चाहे जो हो, सत्यवचन ही कहें जगत में।।

८१. सही दिशा में

सही दिशा में ही बहने दें जीवनधारा।
मात/पिता को करें समर्पित जीवन सारा।।
राजहंस सम उज्ज्वल उज्ज्वल/धवल रहें ही।
दुष्कर्मों से कभी ना करें जीवन कारा।।

८२. ना तड़पाएँ

आजीवन ही व्यर्थ किसी से ना बतियाएँ।
आहत कर हम कभी किसी को ना तड़पाएँ।।
सहायता कर सकते, तो हम करें सभी की।
झूठ बोल हम अपनों को ही ना बहकाएँ।।

८३. बात न्याय की

सामाजिक जीवन में निर्मल रहना सीखें।
बात न्याय की उचित समय पर कहना सीखें।।
भले शक्तिशाली बन जाएँ 'भीम' तुल्य ही।
घोर दुखों को हँसते हँसते सहना सीखें।।

८४. नहीं रुलाएँ

काम भले ढेरों करने हों, ना अलसाएँ।
हृदय दुखा हम कभी किसी को नहीं रुलाएँ।।
पंचायत भी अपनों से हम कभी ना करें।
दीनों के घावों को भी प्रतिदिन सहलाएँ।।

८५. झूठ / साँच

झूठ / साँच ना करें, किसी को ना धमकाएँ।
कटुकवचन कह व्यर्थ किसी को ना भरमाएँ।।
आजीवन हम अपनी अपनी कभी न हाँकें।
जो यथार्थ ही, वही कहें, भ्रम ना उपजाएँ।।

८६. अनुराग

कभी किसी के घर में हम ना आग लगाएँ।
खिला सकें, तो सुख के उपवन रम्य खिलाएँ।।
व्यर्थ ना करें हम अपशब्दों की बौछारें।
सम्भव हो, तो सबके मन अनुराग बढ़ाएँ।।

८७. .कलम चलाएँ

निजबल दिखला कभी किसी को ना चमकाएँ।
सम्बन्धों के सूत्र कभी भी ना बिसराएँ।।
बहुत प्रभावित करने जग को 'ज्ञानशक्ति' से।
चला सकें, तो आजीवन ही .कलम चलाएँ।।

८८. मोह

किसी वस्तु का मोह तनिक भी हम ना पालें।
कभी रंग में भंग कहीं भी हम ना डालें।।
संस्कारों के बीज सदा बोएँ तन/मन में।
प्रेरक काम किसी के भी हम कभी न टालें।।

८९. सद्भाव

'सदा रखें सद्भाव हृदय निज, ना घबराएँ।
सुख/दुख में अपनों के घर भावुक सम जाएँ।।
सद्विचार से सहज विजय निश्चित जीवन में'।
जो जो इच्छुक हों, उनको यह तथ्य बताएँ।।

९०. शुद्ध भावना

किसी अधम से कभी ना करें व्यर्थ याचना।
सबसे उत्तम सखी हमारी मौन साधना।।
सर्वाधिक सुखदायक केवल 'सत्य' तत्त्वतः।
देती ही सन्तोष विलक्षण शुद्ध भावना।।

९१. केवल धीरज

सब तालों की ताली केवल 'धीरज' जानें।
अगर, किया उपकार किसी ने, उसको मानें।।
कभी कभी तो शिक्षा दे देते अज्ञानी।
निपट निर्धनों पर नैना हम कभी न तानें।।

६२. प्रायश्चित्त

शिक्षित करने हर बालक को दण्डित करिए।
रोग दीन के औषधियों से निश्चित हरिए।।
प्रायश्चित्त सदा करना सुख हित आवश्यक।
सत्यनिष्ठ रह कभी किसी से भी ना डरिए।।

६३. अनासक्त

अनासक्त 'साधक' आजीवन निश्चित पावन।
मधुरिम/मोहक वक्ता अति अद्भुत मनभावन।।
जीवन में आसक्ति सदा ही दुख की जननी।
सुख पहुँचाएँ सबको जैसे रिमझिम सावन।।

६४. उपचार

सुख ही देता सबको शिष्टाचार वस्तुतः।
आजीवन ना भूलें हम उपकार वस्तुतः।।
दोष भयंकर देख स्वयं के विमल दृष्टि से।
उनका करिए समुचित ही उपचार वस्तुतः।।

६५. अद्भुत पण्डित

'करता है जो 'प्रेम' वस्तुतः सदा अखण्डित।
वह सुयोग्य को कर ही सकता महिमामण्डित।।
प्रेम बिना जीवन निष्फल ही, सत्य मानिए'।
कहते हैं ये वचन विलक्षण/अद्भुत पण्डित।।

६६. अनुपम मानव

विहगों जैसे नभ में ऊँचा उड़ना सीखें।
प्रातःकालिक कमल तुल्य ही हँसना सीखें।।
जलाशयों में सीख तैरना जलचर सम ही।
दिव्य 'प्रेम' से अनुपम मानव बनना सीखें।।

६७. आनन्द

दोष स्वयं के देख, उन्हें हम सहज हटाएँ।
कभी किसी को मूरख बिलकुल नहीं बनाएँ।।
स्वर्ग तुल्य आनन्द करें अनुभव, कर्मों से।
शिखर सफलताओं के छूने ध्यान लगाएँ।।

६८. मौलिक सृजन

चंचल मन को शुभकर्मों में स्वतः रमाएँ।
करके मौलिक सृजन विश्व को स्वयं रिझाएँ।।
सृजन, ईश के बहुत निकट, यह सत्य जान लें।
सृजन समर्पित रह प्रतिपल आनन्द मनाएँ।।

६९. अभिमान

त्याग तत्त्वतः कहा गया है ज्ञान वस्तुतः।
इच्छाओं से ऊपर उठना ध्यान वस्तुतः।।
सत्य/धर्म से अति अद्भुत आनन्द विलक्षण।
ना करना आजीवन ही अभिमान वस्तुतः।।

१००. दिव्य साधना

विमल सन्त का साथ स्वयं में दिव्य साधना।
सन्त किसी से कभी न करते नित्य याचना।।
सन्तों का व्यक्तित्व सुदुर्लभ, प्रेरक, निश्छल।
'मिलन ईश से ही', सन्तों की प्रबल कामना।।

१०१. मधुर मुसकान

जीवन का श्रृंगार मधुर मुसकान वस्तुतः।
किन्तु, हास उन्मुक्त नहीं आसान वस्तुतः।।
सहज हास परिहास व्यक्ति को रम्य बनाते।
हास्य ईश उपहार, रखें यह ज्ञान वस्तुतः।।

१०२. अद्भुत व्यवहार

दे अवसर अनुकूल, शत्रु को मित्र बनाएँ।
कर अद्भुत व्यवहार उसे तत्काल रिझाएँ।।
ना अवसर दें, मित्र कभी हो शत्रु भयंकर।
सहज मित्रता आजीवन ही सदा निभाएँ।।

१०३. दिव्य उल्लास

नहीं किसी पर भी जिनको विश्वास वस्तुतः।
उनका जीवन दीन समान उदास सत्यतः।।
हिमालयी विश्वास जिन्हें, वे स्वतः सफलतम।
देता ही विश्वास दिव्य उल्लास सर्वतः।।

१०४. मित्र विलक्षण

सदा 'सत्य' को अपना मित्र विलक्षण मानें।
मूल्य समय का, सत्य/धर्म का हम पहचानें।।
चल सत्पथ पर हम मानें आदर्श 'समय' को।
लक्ष्यसिद्धि तक गतिमय रहना, मन में ठानें।।

१०५. मुखमुद्रा

शब्दों तक से भी हिंसा बिलकुल ना करिए।
घोर घोर दुर्भाव हृदय निज तनिक न रखिए।।
कभी क्रोधमय मुखमुद्रा भी नहीं बनाएँ।
आजीवन ही सदा पाप करने से डरिए।।

१०६. सहायता

नहीं तोड़िए आजीवन 'विश्वास' वस्तुतः।
कभी न करिए अपनों का उपहास वस्तुतः।।
सहायता सबकी करिए, जितनी सम्भव हो।
निज मन रखिए सागर सम उल्लास वस्तुतः।।

१०७. दिव्य प्रेम/सौन्दर्य

दिव्य प्रेम/सौन्दर्य सदा तन/मन में भरिए।
अगर, किसी से प्रेम विमल, तो तनिक न डरिए।।
रम्य/विलक्षण सुख तो समता/सत्य/धर्म से।
मात्र 'प्रणय' से समाधान जीवन का करिए।।

१०८. विद्वत्ता

संकट में भी सदा सहायक सम विद्वत्ता।
धारण करिए आभूषण सम ही विद्वत्ता।।
महाविलक्षण विद्वत्ता जग वश में करती।
वृद्धावस्था के संचित धन सम विद्वत्ता।।

१०९. सहज योग

इच्छाओं का जाल मोहमय तुरत हटाएँ।
पापकर्म में निज चंचल मन ना उलझाएँ।।
यदि, करना हो अनुपम 'प्रभुदर्शन' जीवन में।
समतारूपी सहज 'योग' में हृदय रमाएँ।।

११०. विषम दशा

विषम दशा को भी कर लें स्वीकार वस्तुतः।
कभी ना बनें इस जग के हित भार वस्तुतः।।
तभी स्वर्ग सम सुख मिल सकता निज जीवन में।
जब करते ही हम मन से उपकार वस्तुतः।।

१११. अभिनव अभिनव

यदि, दृढ़तम संकल्प हृदय में, सब कुछ सम्भव।
कर्म इसी से सम्पादित ही अभिनव अभिनव।।
'कर संकल्प विशेष सफलता मानव पाता'।
हृदयंगम ही कर लें हम सन्तों के अनुभव।।

११२. दानी

मानव का गुण प्रथम रहे ही साहस भारी।
इससे मिटतीं चिन्ताएँ भी निश्चत सारी।।
सभी अन्य गुण निर्धारित ही इस साहस से।
दानी प्रायः रहते ही अद्भुत उपकारी।।

११३. अद्भुत वन्दित

अगर, मनुज होता ही सचमुच शुभसंकल्पित।
सफल उसी के कार्य वस्तुतः सारे निश्चत।।
यदि, दृढ़तम 'संकल्पशक्ति' घनघोर प्रबल ही।
तब शुभकर्मों से ही मानव अद्भुत वन्दित।।

११४. उज्ज्वलता

सदा समस्याएँ इस जग में आतीं, जातीं।
चाहे जब वे हर मानव को दुख पहुँचातीं।।
लेकिन, वे भी सुस्थायी बिलकुल ना प्रायः।
आशा की किरणें मन में उज्ज्वलता लातीं।।

११५. विलक्षण शुद्धि

यदि, सहिष्णुता मन में, तो ही सिद्धि वस्तुतः।
अविचल रखें विशेष प्रखरतम बुद्धि वस्तुतः।।
दिव्य स्वर्गसुख अगर, धरा पर सतत भोगने।
निज तन/मन में रखें विलक्षण शुद्धि वस्तुतः।।

११६. मुस्कुराहट

मुदित चन्द्र सम ही जो भी मानव मुसकाता।
सम्बन्धों के मध्य दूरियाँ वही घटाता।।
मुसकाना संक्रामक ही, इसको फैलाएँ।
रखें मुस्कुराहट से बस..आजीवन नाता।।

११७. सम्मान

सावधान रह सफल करें अभियान सर्वतः।
ना हो मन में कपट, रखें यह ज्ञान तत्त्वतः।।
व्यर्थ अनावश्यक दुख ना दें कभी किसी को।
वृद्धों को दें समुचित ही सम्मान वस्तुतः।।

११८. प्रेममग्न ही

व्यर्थ, अकारण कभी किसी पर ना झल्लाएँ।
अगर, मधुर सम्बन्ध, हृदय से उन्हें निभाएँ।।
रखें शुद्ध मन, 'प्रेममग्न' ही रहें सर्वदा।
यही सुखद 'परिवर्तन' निज जीवन में लाएँ।।

११९. धैर्य

धैर्यशील तो सभी समस्याएँ सुलझाते।
जो अधीर, वे अपने को भीषण उलझाते।।
धैर्य परीक्षा लेता सबकी अतिविचित्र ही।
जो धीरज धरते, वे जीवन में सुख पाते।।

१२०. प्रबल योग्यता

श्रद्धा से मिल ही जाते भगवान वस्तुतः।
सदा नम्रता से अनुपम सम्मान वस्तुतः।।
उत्तम पद दिलवाती अद्भुत/प्रबल योग्यता।
अनुभव से ही निश्चित मौलिक ज्ञान वस्तुतः।।

१२१. सन्त की सेवा

सुखदायक स्वयमेव सन्त की सेवा करना।
दिव्य योग का अर्थ हृदय में समता रखना।।
सबसे उत्तम..निम्न विचारों को तजना ही।
सहज भक्ति का अर्थ ईश को अर्पित रहना।।

१२२. पुरुष साहसी

प्रिय, अपनों पर व्यर्थ नयन जो नहीं तानते।
जो जीवन में हार किसी से नहीं मानते।।
हार उसी से हार मान लेती निश्चित ही।
पुरुष साहसी इस जीवन का अर्थ जानते।।

१२३. प्रणय/मित्रता

अनुपम प्रेम सदा ही दुर्लभ, हम यह जानें।
सहज मित्रता भी अतिदुर्लभ, यह भी मानें।।
प्रणय/मित्रता अतः, निभाएँ आजीवन ही।
अपने गुण दिनरात कभी भी नहीं बखानें।।

१२४. यश की इच्छा

यश की इच्छा मानव से पाखण्ड रचाती।
घोर मोहमाया स्वर्णिम जीवन उलझाती।।
व्यर्थ प्रदर्शन नहीं करें हम निज वैभव का।
चंचल लछमी तो प्रतिदिन ही आती, जाती।।

१२५. सत्यनिष्ठ

बार बार जो क्रोध अग्नि सम ना दर्शाता।
अहं बुद्धि का व्यर्थ किसी को नहीं बताता।।
बिन सोचे जो कार्य नहीं करता, ना चुग़ली।
सत्यनिष्ठ जो 'पुरुष', वही मन का सुख पाता।।

१२६. अन्तर्ज्ञान

बाह्य ज्ञान इस जग के बन्धन बहुत बढ़ाता।
अन्तर्ज्ञान सदा बन्धन से मुक्त कराता।।
अन्तर्ज्ञान स्वतः करता अनुपम परिवर्तन।
दिव्य अलौकिक सुख जीवन में 'योग' दिलाता।।

१२७. नित अभिनन्दित

जीवन में सब कुछ पाता मानव आनन्दित।
वह केवल दुखमग्न, सर्वदा जो आशंकित।।
शक्ति मानसिक/शारीरिक भी नष्ट उसी की।
महामना सम व्यक्ति सफलतम नित अभिनन्दित।।

१२८. महापुरुष

घोर अहं जिसको, वह मन के सुख से वंचित।
सरल तरल व्यक्तित्व देव सम प्रतिपल हर्षित।।
रखी सहजता अनुपम जिसने शुद्ध हृदय में।
महापुरुष सम वह इस जग में प्रतिदिन वन्दित।।

१२९. सेवा के अवसर

जिसकी सेवा करना, उस पर ना झुँझलाना।
सेवा के अवसर आएँ, तो ना सकुचाना।।
कभी करें ना तिरस्कार हम वृद्धजनों का।
सत्कर्मों से आजीवन दैविक सुख पाना।।

१३०. महामना सम

यदि, स्वभाव उत्तम, तो सब अनुपम जीवन में।
तनिक छलकपट नहीं रखें हम अपने मन में।।
महामना सम यदि, प्रसिद्धि हमको पाना हो।
फूल खिलाएँ सत्कर्मों के मन आँगन में।।

१३१. कार्यकुशलता

सदा आलसी रहने से ही घोर विफलता।
कार्यकुशलता से जीवन में उच्च सफलता।।
सब कुछ निष्फल, बिना योग्यता, बिन सुयोग के।
जीवन में आनन्द तनिक ना बिना सहजता।।

१३२. यत्नशील

यदि, प्रसन्नता से करते हम काम सर्वतः।
लक्ष्य साधने यत्नशील अविराम सर्वतः।।
वृद्धि सुनिश्चित कार्यकुशलता में इससे ही।
अन्तरिक्ष सम मनुज रचे आयाम सर्वतः।।

१३३. कर्मों की महिमा

अति अद्भुत ही इस जग में कर्मों की महिमा।
शुभकर्मों से निश्चित वर्धित अनुपम गरिमा।।
ये उत्तम साधन अपने को प्रकटित करने।
ईशकृपा बिन नहीं निखरती अद्भुत प्रतिभा।।

१३४. सुख ना अनुभव

अगर, उदासी मन में, तो ना उन्नति सम्भव।
घोर ग्लानि यदि, मन में, तो फिर सुख ना अनुभव।।
यदि, विवाद प्रतिदिवस व्यर्थ ही प्रिय/अपनों से।
निज जीवन में कभी प्रगति ना अभिनव अभिनव।।

१३५. सुख पाएँ

दुर्विचार अपने मन में हम कभी न लाएँ।
प्रेरक/दिव्य विचारों को निश्चित अपनाएँ।।
कुटिल विचारों का प्रभाव विपरीत सर्वदा।
उन्हें त्याग आजीवन ही अतुलित सुख पाएँ।।

१३६. लक्ष्यसिद्धि तक

कभी व्यर्थ के कामों में ना समय गँवाएँ।
अद्भुत सोच विचारों में निज हृदय रमाएँ।।
अगर, काम करने के अवसर आएँ, तब तो।
लक्ष्यसिद्धि तक मन को उनमें सतत लगाएँ।।

१३७. हलाहल

निन्दा/कर्कशवाणी जग में विष समान ही।
निन्दा घोर नरक सम, रखिए सदा ध्यान ही।।
दशा घोर प्रतिकूल 'हलाहल' तुल्य सर्वदा।
हँसना अमृत तुल्य सुखद, यह रखें ज्ञान ही।।

१३८. सरल व्यक्ति

अगर, निष्कपट/सरल व्यक्ति, तो गले लगाएँ।
क्षमा करें उसकी त्रुटियों को त्वरित भुलाएँ।।
किन्तु, महाकपटी जो क्रूर भयानक छलिया।
उनको अपने पास कभी भी नहीं बिठाएँ।।

१३९. सहज प्रणय ही

ईशकृपा से ही विवेक का सुखद उदय ही।
यदि, अनुपम सुख चाहें, रखिए विमल हृदय ही।।
सत्य विलक्षण ज्ञात यही 'अनुभव' के द्वारा।
दिव्य दिव्य आनन्द दिलाता सहज प्रणय ही।।

१४०. प्रेम विलक्षण

जिनके मन में प्रेम विलक्षण, शुद्ध भावना।
कभी किसी से जो ना करते नित्य याचना।।
जिनका प्रणय सदा निर्मलतम/दिव्य/उच्चतम।
पूरी होती निश्चित उनकी सहज कामना।।

१४१. समाधान

मनुज न बाँटे कभी किसी को व्यर्थ ज्ञान ही।
स्वयं रहे आजीवन गंगाजल समान ही।।
गुरुओं/वृद्धों के अनुभव अद्भुत उपयोगी।
पुरुष खोज ले उनसे अपने समाधान ही।।

१४२. आनन्द विलक्षण

ना करके हाँ करना 'उत्तम' ही कहलाता।
पर, हाँ करके ना कहना दुख ही पहुँचाता।।
वचन किसी को देकर जो पूरा करता ही।
वह आनन्द विशेष विलक्षण/अद्भुत पाता।।

१४३. क्षमा

धीरज जीवन के अर्थों के द्वार खोलता।
दुख ही पाता आजीवन, जो व्यर्थ बोलता।।
सदा क्षमा करने की आदत विमल बनाती।
वह 'प्रसन्न', जो कथनपूर्व निज वचन तोलता।।

१४४. आजीवन सम्मान

वृद्धों को दें आजीवन सम्मान वस्तुतः।
उन्हें कभी भी नहीं बघारें ज्ञान वस्तुतः।।
जीवन निश्चित मधुरिम मधुरिम, प्रियवचनों से।
वृद्धों का तो रखें नियमतः ध्यान वस्तुतः।।

१४५. स्वर्ग तुल्य आनन्द

कम खाने से आजीवन ही सदा स्वस्थता।
प्रियवचनों से सम्बन्धों में स्वतः निकटता।।
घोर कपट से कटुता वर्धित सम्बन्धों में।
स्वर्ग तुल्य आनन्द, हृदय में अगर, सहजता।।

१४६. सत्संगति

मधुरिम वचनों से सब प्राणी सदा मुदित ही।
सत्संगति से सुख का सूरज स्वतः उदित ही।।
चाहे जो हो, कटुक वचन प्रायः ना बोलें।
उनसे श्रोता विचलित निश्चित घोर दुखित ही।।

१४७. समय के साथ

अन्यों की टिप्पणियाँ सुन क्रोधित ना होना।
आजीवन निज आपा बिलकुल भी ना खोना।।
मिला चरण से चरण समय के साथ चलें ही।
होने सफल विशेष समय को मानें सोना।।

१४८. सन्तुलन

व्यर्थ किसी का भी अपमान कभी ना करिए।
यदि, सम्भव हो, दीनों के दुख सचमुच हरिए।।
सदा मानसिक सहज सन्तुलन रख जीवन में।
प्रातःकालिक कमल तुल्य पुलकित ही रहिए।।

१४९. अहं मिटाएँ

अगर, विलक्षण सुख चाहें, तो अहं मिटाएँ।
कुटिल भावनाएँ मन में बिलकुल ना लाएँ।।
अहं विवर्धित केवल मैं मैं..गाने से ही।
करें विसर्जित अहं, सदा आनन्द मनाएँ।।

१५०. गंगा का पानी

अतिप्रमाद से मानव सचमुच ही अज्ञानी।
नहीं स्वर्ग सम सुख पाता भारी अभिमानी।।
घोर अहं से, चिन्ताओं से केवल दुख ही।
रहें विमलतम/शीतल ज्यों गंगा का पानी।।

१५१. दिव्य भोर

पुलकित/प्रमुदित सज्जन गतिमय धर्म ओर ही।
चन्दा से ज्यों शीतलता पाता चकोर ही।।
कलह/विवादों से सुख बिलकुल भी सम्भव ना।
परहित से ही उदित सुखों की दिव्य भोर ही।।

१५२. मधुमय

सहनशीलता से यह जीवन सुखमय प्यारा।
पर, कटुता से निश्चित यह जग दुखमय सारा।।
शील, सहजता, संयम से आनन्द अनूठे।
दिव्य प्रणय का अनुभव अद्भुत/मधुमय/न्यारा।।

१५३. लगन

दुराचार, दुर्भाव, कपट, दुर्गुण दुखदायक।
सदाचार, सद्भाव, सतोगुण ही सुखदायक।।
चंचलता, असहजता से ना उच्च सफलता।
लक्ष्यसिद्धि हित लगन विलक्षणतम वरदायक।।

१५४. शुभ लक्ष्य

सेवा का शुभ लक्ष्य व्यक्ति को सफल कराता।
सदा समर्पित भाव मनुज को मनुज बनाता।।
अतिविनम्रता से कृतज्ञता निश्चित आती।
हर कृतघ्न/पापी/निष्ठुर केवल दुख पाता।।

१५५. अमरता

दुर्जन को मिल ही ना पाती कभी अमरता।
जीवन रण में जय ना सम्भव, यदि, कायरता।।
समाधान हम स्वतः समस्याओं के खोजें।
इससे निश्चित सदा सहजता, उच्च सफलता।।

१५६. लक्ष्य

ना उड़ सकते, तो जीवन में दौड़ लगाएँ।
दौड़ न पाएँ, तो प्रतिदिन ही चलते जाएँ।।
चलने में भी अगर, कठिनता, तो सरकें ही।
लेकिन, रह गतिमान 'लक्ष्य' नभ सम ही पाएँ।।

१५७. विकास जीवन का

यदि, सुख चाहें, तो आजीवन ही मुसकाएँ।
चाहे जो हो, निज दोषों को नहीं छुपाएँ।।
सबसे उत्तम..अपनी त्रुटियों को सुधारना।
कर विकास जीवन का नित आनन्द मनाएँ।।

१५८. ज्ञान विलक्षण

ज्ञान विलक्षण हर विकार ज्यों दूर भगाता।
पतितों को यह अनायास ही विमल बनाता।।
यह अनाथ को नाथ, अचेतन चेतन करता।
दुख में भी यह अद्भुत सुख अनुभव करवाता।।

१५९. सहज समर्पण

मान और अपमान सिद्ध 'नर' नहीं मानते।
सदा व्यर्थ की चिन्ताओं को तुरत त्यागते।।
सहज समर्पण उनका केवल 'परहित' में ही।
जग कैसे प्रेरित हो ? वे यह स्वतः जानते।।

१६०. सफलतम

करने मन निर्दोष स्वयं की बुद्धि लगाएँ।
प्रभुचरणों में ध्यान हृदय से सहज रमाएँ।।
मनुज सफलतम शुभसंकल्पों की दृढ़ता से।
हम इक पल भी व्यर्थ कभी भी नहीं गँवाएँ।।

१६१. बहुत कठिन

बुरा किसी का कोई भी निश्चित कर सकता।
भला किसी का करना बहुत कठिन ही रहता।।
निज विवेक से जीवन अपना सफल बनाएँ।
अति उदार दीनों के दुख मन से ही हरता।।

१६२. सहज सन्तुलन

उच्च सफलताएँ निज सिर पर नहीं चढ़ाएँ।
असफलताओं को भी मन से नहीं लगाएँ।।
सहज सन्तुलन रखें वस्तुतः आजीवन ही।
चाहे जो हो, दिए वचन तो सदा निभाएँ।।

१६३. सहजावस्था

कभी दूसरों की बातें भी सुनें ध्यान से।
अपने को ना करें प्रचारित यशोगान से।।
‘सहजावस्था’ सदा असम्भव सम ही जग में।
आग्रह सबसे, यह जग जीतें दिव्य ज्ञान से।।

१६४. सुयश की ध्वजा

भारी अर्थ अभाव मनुज का मन बिगाड़ता।
अद्भुत अर्थ प्रभाव सुयश की ध्वजा गाड़ता।।
दोनों अर्थ दशाएँ प्रायः विचलित करतीं।
इस रहस्य को 'बुद्धिमान' तत्काल ताड़ता।।

१६५. हृदय रमाएँ

घोर दुर्व्यसन आजीवन भीषण दुखदायक।
व्यसन ज्ञान का मानव के हित अतिसुखदायक।।
काव्य/शास्त्र की चर्चाओं में हृदय रमाएँ।
इससे जीवन अमृत सम अद्भुत वरदायक।।

१६६. नित्य याचना

अपनों को दुख कभी न देना, यही साधना।
चाहे जो हो, रखें शुद्ध ही हृदय भावना।।
नित समत्व ही रखना अनुपम 'योग' वस्तुतः।
सहज मुक्ति हित प्रभु से करना नित्य याचना।।

१६७. दिव्य ज्ञान

सरल व्यक्ति के आगे छल भी भारी लज्जित।
पुरुष मोहता दिव्य ज्ञान से, यदि, वह सज्जित।।
घोर घोर संकट में भी जो धीरज धरते।
आजीवन वे देव तुल्य पुलकित/आनन्दित।।

१६८. जीवन सुख से

तनिक कठिन ना, नहीं प्राप्त जो, उसको पाना।
बहुत कठिन ही, सुलभ वस्तु का खो ही जाना।।
नहीं सुलभ जो, उसका मिलना 'योग' सर्वथा।
योग लगा निज जीवन सुख से सहज बिताना।।

१६९. भीषण दुख

किसी व्यक्ति को तुम आजीवन कभी न ठगना।
तुम्हें ठगे कोई, तो चिन्ता तनिक न करना।।
स्वयं ठगाए तो निश्चित अद्भुत सुख मन में।
अगर, ठगा अन्यों को, तो भीषण दुख सहना।।

१७०. आजीवन सन्तोष

कर सकते, तो दूर करें निज दोष वस्तुतः।
रखें निज हृदय आजीवन सन्तोष वस्तुतः।।
इसके आगे अन्य सभी धन धूल तुल्य ही।
प्रभु को पा सकता केवल निर्दोष वस्तुतः।।

१७१. सदा सहजता

ज्ञान वास्तविक देता सबको सदा सहजता।
यही सन्तुलन जीवन में अति अद्भुत रखता।।
श्रद्धा जननी इसी ज्ञान की कही गई ही।
ज्ञान बिना मानव ना पाता उच्च सफलता।।

१७२. प्रयास

जो प्रयास अति अद्भुत प्रतिदिन जारी रखते।
घोर संकटों की चिन्ताएँ कभी न करते।।
यत्न/लगन/श्रम/निष्ठा में ही सदा लीन जो।
उच्च सफलताएँ वे नभ सम पाकर रहते।।

१७३. संयम

राग/द्वेष से रहित सदा समता से रहना।
कभी किसी से कटुकवचन बिलकुल ना कहना।।
सन्त इसी को कहते 'संयम' सुखदायक ही।
मानव जीवन का यह सबसे सुन्दर गहना।।

१७४. सामर्थ्य

आजीवन इक पल भी हम ना व्यर्थ गँवाएँ।
सदा बुद्धिमानी से आगे बढ़ते जाएँ।।
सामग्री/सामर्थ्य पास में जो जो, उनसे।
निश्चित ही महनीय सफलताएँ हम पाएँ।।

१७५. ज्ञान के पाठ

विविध पुस्तकें दिव्य ज्ञान के पाठ पढ़ातीं।
गद्य/पद्य/ग़ज़लें/मुक्तक/नव कथा सुनातीं।।
गीत रचातीं, मन बहलातीं, अनायास ही।
सुख पहुँचातीं, अति अद्भुत ही लाभ दिलातीं।।

१७६. नव इतिहास

चंचल मन की सब चिन्ताएँ दूर भगाएँ।
भले नरक में रहें, नरक को स्वर्ग बनाएँ।।
रहें सदा बलवान विलक्षण ज्ञानवान भी।
प्रणय करें, तो उसमें नव इतिहास रचाएँ।।

१७७. विश्व आकर्षित

जो भी मानव अपने मन पर संयम रखते।
सोच समझकर ही नित मन की बातें कहते।।
सत्य/धर्म में मग्न, कभी जो उद्धत भी ना।
मधुरवचन वे बोल विश्व आकर्षित करते।।

१७८. कार्य नियोजन

आजीवन ही नियत समय पर करना भोजन।
व्यर्थ किसी को कभी नहीं देना उद्बोधन।।
अगर, सफलताएँ पाना अनुपम आकाशी।
बहुत व्यवस्थित/अद्भुत करना कार्य नियोजन।।

१७९. पूर्ण समर्पण

पूर्ण समर्पण सदा सदा सन्देह रहित ही।
प्रणय विलक्षण सबको करता सहज चकित ही।।
अनायास ही अगर, रिझाना हो इस जग को।
बोलें मधुरिम वचन रम्यतम, प्रेम सहित ही।।

१८०. अलौकिक अनुभव

यदि, मन में हों पाप, स्वतः मुख पर घबराहट।
अगर, लक्ष्य से भटके, आती विकट रुकावट।।
दिव्य/अलौकिक अनुभव देती प्रणय युगल को।
विमल हृदय के द्वार प्रेम की अद्भुत आहट।।

१८१. झूठ से बचें

एक झूठ से झूठ हज़ारों बोले जाते।
अनुभव से वे, किन्तु, पकड़ में पल में आते।।
अतः, झूठ से बचें, भले हम सच ना बोलें।
झूठे/पापी/दुष्ट जगत में दुख ही पाते।।

१८२. चतुर्दिक् उन्नति

जीवन में अनिवार्य सहज संघर्ष वस्तुतः।
इसके बिन सम्भव ही ना उत्कर्ष वस्तुतः।।
अगर, चाहते सदा चतुर्दिक् उन्नति अद्भुत।
हर दिन मानें जीवन का 'नववर्ष' वस्तुतः।।

१८३. निर्दोष

सहनशीलता से निश्चित सन्तोष सत्यतः।
अद्भुत ज्ञानी दिव्य ज्ञान के कोष सत्यतः।।
भले न मानें, सत्य वचन ही सन्तों के ये।
'सब सदोष, केवल प्रभु ही निर्दोष सत्यतः'।।

१८४. अधिक न सोचें

घोर संकटों में साहस बिलकुल ना खोएँ।
शशि सम गतिमय रहें, नहीं अजगर सम सोएँ।।
चिन्ता ना करने से चिन्ता स्वतः नष्ट ही।
अधिक न सोचें, बात बात में कभी न रोएँ।।

१८५. ज्ञान सम्पदा

निश्चित करता जो प्रतिदिन उपकार वस्तुतः।
जिसके पास विचारों के भण्डार वस्तुतः।।
वह ना निर्धन, ना एकाकी, ना अपूर्ण ही।
ज्ञान सम्पदा उसके पास अपार वस्तुतः।।

१८६. प्रिय संवाद

मधुर बोलना, हँसना, लेकिन, कभी न फँसना।
देखो भालो, किन्तु, व्यर्थ ही कहीं न तकना।।
खाना, पीना बहुत प्रेम से, पर, छकना मत।
करना प्रिय संवाद, अनावश्यक ना बकना।।

१८७. दिव्य सफलता

अहंकार से आजीवन ही घोर विफलता।
सतत प्रबल चिन्तन से निश्चित दिव्य सफलता।।
ईशप्राप्ति सचमुच ही सम्भव इस जीवन में।
यदि, मन में हो अनुपम समता/धर्म/विमलता।।

१८८. वाणी पर संयम

बोल न पाता पशु, इससे ही कष्ट उठाता।
व्यर्थ बोल ही मनुज भयंकरतम दुख पाता।।
वाणी पर संयम अत्यावश्यक जीवन में।
मनुज सत्य/प्रिय/मधुरवचन से विश्व रिझाता।।

१८९. ध्रुव सम

जितनी जितनी निज जीवन में अधिक निडरता।
उतनी उतनी सहज सुसम्भव दिव्य सफलता।।
निर्भयता से मानव 'ध्रुव' सम सुस्थित नभ में।
पाता हर भयभीत सर्वथा घोर विफलता।।

१९०. उपदेश

बहुत सरल ही आजीवन उपदेश वस्तुतः।
किन्तु, कठिनतम, हरना प्रिय के क्लेश वस्तुतः।।
अगर, सुखी करना चाहें, प्रिय/अपनों को ही।
रचें स्वर्ग सम मधुमय ही परिवेश वस्तुतः।।

१९१. विकट खिन्नता

छोटी छोटी कमियाँ ज्यों दुख ही पहुँचातीं।
जीवनरूपी दीवारों में छेद बनातीं।।
इन छेदों से घोर निराशा, विकट खिन्नता।
चिन्ताओं को वे प्रवेश तत्काल करातीं।।

१६२. भीख दया की

भीख दया की आजीवन ही नहीं माँगिए।
घोर अहं निज ज्यों खूँटी पर तुरत टाँगिए।।
बढ़ा आत्मविश्वास हृदय निज सहनशीलता।
अपनी निर्धारित सीमाएँ नहीं लाँघिए।।

१६३. नाटक जैसा

जग के सम्बन्धों को नाटक जैसा खेलें।
सहनशील रह आगामी सब दुख भी झेलें।।
राग, द्वेष, ममता, माया में लिप्त रहें ना।
जो आगे गतिमय, उनको पीछे ना ठेलें।।

१६४. शुद्ध आचरण

निज जीवन में अत्यावश्यक शुद्ध आचरण।
राग/द्वेष का कभी न ओढ़ें विकट आवरण।।
रहें सन्त सम नित्य, सहजता/निर्मलता से।
घोर छलकपट कभी ना करें सदा आमरण।।

१६५. प्रमुदित रहिए

सत्य/धर्म का त्याग वस्तुतः कभी न करिए।
परधन खाने आजीवन ही कहीं न मरिए।।
निज भगवद्विश्वास डिगाएँ ना निश्चित ही।
सद्विवेक से कार्य उचित कर प्रमुदित रहिए।।

१६६. निर्भर

मन से जो 'प्रभु' पर ही निर्भर अतिविशिष्ट ही।
नियत कर्म नित करना जिनका प्रथम इष्ट ही।।
जो निर्भय/निश्छल/निर्गुण/निर्द्वन्द्व वस्तुतः।
उनका तो बिलकुल भी ना सम्भव अनिष्ट ही।।

१६७. सूर्य सम

भुट्टे जैसी अकड़ व्यर्थ ही नहीं दिखाएँ।
घमासान आजीवन बिलकुल नहीं मचाएँ।।
सत्य/ज्ञान/सद्धर्म/सहजता से रह जग में।
हम अपनी पहचान सूर्य सम पृथक् बनाएँ।।

१६८. युवा हृदय

युवा हृदय नियमों को बिलकुल नहीं मानते।
किन्तु, वृद्धजन अपवादों को सहज जानते।।
सामंजस्य बिठाते सबसे 'महामना' ही।
व्यर्थ किसी पर वे निज नयना नहीं तानते।।

१६९. उपभोग

यदि, धन का उपभोग कभी भी ना मर्यादित।
शुभकर्मों को वही वस्तुतः करता बाधित।।
अतः, सन्तुलन प्रबल नियन्त्रण मन पर रख ही।
नहीं बनें हम आजीवन ही कभी विवादित।।

२००. प्रखर ज्ञान ही

सावधान जो तनिक नहीं, वे मृत समान ही।
कभी न सम्भव बिन 'गुरुवर' के प्रखर ज्ञान ही।।
अतिशय ही आनन्द दिलाती सदा नम्रता।
किन्तु, इसी का नहीं किसी को स्वतः ध्यान ही।।

२०१. परिणाम

भोगों के परिणाम सर्वदा मात्र कष्ट ही।
दुराचार से अनुपम जीवन स्वतः नष्ट ही।।
उसे न सम्भव अन्तरिक्ष सम विशद सफलता।
जो भी मानव निज जीवन में घोर भ्रष्ट ही।।

२०२. अजेय ही

जिसने भी मन जीता, वह अनुपम अजेय ही।
उपकारी को निश्चित अद्भुत/दिव्य श्रेय ही।।
दीन/दुखी की सेवा ज्यों 'वरदान' वस्तुतः।
कभी न समझें तिनके जैसा उन्हें हेय ही।।

२०३. अनुभव दिव्य

अपने अनुभव दिव्य किसी को नहीं बताना।
चमत्कार अद्भुत जीवन के नहीं सुनाना।।
और नहीं तो 'योगसाधना' स्वतः रुद्ध ज्यों।
पड़ सकता ही इस कारण भारी पछताना।।

२०४. ध्यान वस्तुतः

चाहे तन हो सिंह तुल्य बलवान वस्तुतः।
पर, जिनके मन दुर्विचार/अभिमान वस्तुतः।।
वे अद्भुत नीरोग कभी भी ना रह सकते।
इसी सत्य का रखिए सम्यक् ध्यान वस्तुतः।।

२०५. वर्तमान में

'बीते कल की याद प्रायशः कभी न करिए।
ना भविष्य के सपनों में ही डूबे रहिए।।
वर्तमान में जीना तो अति अद्भुत जीना'।
हृदयंगम कर तथ्य यही नित आगे चलिए।।

२०६. आयाम रचें हम

आजीवन 'शुभसंकल्पित' सम काम करें हम।
महाप्रज्ञ सम सम्प्रेरक/अभिराम रहें हम।।
मरने के उपरान्त हमें सब याद रखें ही।
महाविलक्षण ऐसे ही आयाम रचें हम।।

२०७. प्रायश्चित्त

महापुरुष का बिलकुल भी अपमान न करिए।
आदरभाव सदा उनके प्रति अनुपम रखिए।।
प्रायश्चित्त कहीं ना उनके अपमानों का।
उनकी समुचित सेवा कर ही पुलकित रहिए।।

२०८. शीश नवाएँ

हम ज्ञानी के पास भले जाएँ, ना जाएँ।
भले हृदय से उनका यश भी तनिक न गाएँ।।
सदा मग्न वे प्रतिपल पुलकित स्वयं स्वयं में।
यदि, उत्तम चाहें, तो उनको शीश नवाएँ।।

२०९. अन्याय

आजीवन अन्याय कभी भी तुम ना सहना।
अन्यायी से समझौते भी कभी ना करना।।
उचित समय पर दण्ड दिलाना अपराधी को।
अपराधी से दीन तुल्य बिलकुल ना डरना।।

२१०. अमृतसागर

महापुरुष तो 'प्रेम' सदा सबसे ही करते।
कटुकवचन वे कभी किसी से भी ना कहते।।
उनका मन तो 'अमृतसागर' स्वतः सर्वदा।
दीन/दुखी के घोर कष्ट वे मन से हरते।।

२११. भाव निर्मलतम

अहित किसी का कभी स्वप्न में भी ना करिए।
परहित करने आजीवन 'संकल्पित' रहिए।।
करना ही सत्कार अतिथि का शुद्ध हृदय से।
यदि, चाहें उद्धार, भाव निर्मलतम रखिए।।

२१२. परमार्थ

हम ना साधें केवल अपने स्वार्थ सर्वतः।
सबसे उत्तम बात, रहें निःस्वार्थ वस्तुतः।।
यदि, सुधारना चाहें ही 'परलोक' स्वयं का।
करें हृदय से आजीवन परमार्थ तत्त्वतः।।

२१३. वैभवशाली

वैभवशाली केवल वे, जो सदा मुदित ही।
अनुशासित वे, जो नित करते कर्म उचित ही।।
योगी वे, जो चंचल मन निज वश में रखते।
हम आजीवन कर्म ना करें कुछ अनुचित ही।।

२१४. सर्प

कुटिलों की मीठी बातों में कभी न आएँ।
बात ज्ञान की उनको बिलकुल ना समझाएँ।।
निज स्वभाववश सर्प काटना नहीं छोड़ते।
दुष्टों को तो बहुत दूर से शीश नवाएँ।।

२१५. अमृत का सागर

अतिसज्जन को शुद्ध हृदय से गले लगाएँ।
बहुत प्रेम से उसको अपने पास बिठाएँ।।
अमृत का सागर तो सबको जीवन देता।
महामना के आगे मन से झुक झुक जाएँ।।

२१६. अपने को बदलें

कभी दूसरों को बिलकुल भी नहीं सुधारें।
अपने को बदलें जीवन में, उच्च विचारें।।
दिव्य सफलता ना मिलती केवल चिन्तन से।
लक्ष्यसिद्धि हित 'ध्येय' विलक्षण मन में धारें।।

२१७. नुक्ताचीनी

दुर्बल, अज्ञानी ही करते नुक्ताचीनी।
पापी करते बातें बिलकुल घीनी घीनी।।
इसी जन्म में नरकगमन उसका निश्चित ही।
निर्बल के मुख से रोटी जिसने भी छीनी।।

२१८. सुख/दुख

दुख सहने की क्षमता जो भी नहीं जुटाता।
उसके जीवन में सुख प्रायः कभी न आता।।
जीवन रथ के पहिए दोनों ये सुख/दुख ही।
छूट न पाता कभी मनुज का इनसे नाता।।

२१९. आँसू की बरसात

'संकट में ही क्षमता अपनी ज्ञात सत्यतः।
दुख में निश्चित आँसू की बरसात वस्तुतः।।
सुख/दुख क्रमशः आते, जाते आजीवन ही'।
सन्तों ने तो 'सत्य' कही यह बात तत्त्वतः।।

२२०. मोहमाया

क्षमा/नम्रता, सुख हित आजीवन अपनाएँ।
सुख चाहें, तो कष्ट किसी को ना पहुँचाएँ।।
दुख की जननी अतिविचित्र ही विकट निराशा।
घोर मोहमाया में जीवन ना उलझाएँ।।

२२१. सूत्र सफलता के

साहस वह सीढ़ी, जिस पर सब कभी न चढ़ते।
महावीर जो इस पर चढ़ते, आगे बढ़ते।।
जिनके पास नहीं यह सीढ़ी, स्वतः विफल वे।
सूत्र सफलता के सुन्दरतम वे ना गढ़ते।।

२२२. नैतिकता

नैतिकता ही साहस को दिनरात बढ़ाती।
यही सफलता की सीढ़ी पर मनुज चढ़ाती।।
नैतिकता से जीवन के आनन्द अनूठे।
यही विश्व को सदा 'सत्य' का पाठ पढ़ाती।।

२२३. सोच विलक्षण

बिन साहस के सोच विलक्षण कभी न सम्भव।
कर्म इसी से मानव करता अभिनव अभिनव।।
बिन साहस..क्षमताएँ भी ना प्रकट सर्वतः।
साहस से ही भाँति भाँति के अद्भुत अनुभव।।

२२४. सीधे स्वर्ग

वीर कभी भी निज जीवन में ना पछताते।
जीत समर वे दिव्य विजय आनन्द मनाते।।
अगर, कभी वे युद्ध हारते कारणवश ही।
स्वयं दिवंगत सीधे स्वर्ग तुरत ही जाते।।

२२५. सबका हित

बिन अवलम्बन, चित्त सदा जो सुस्थिर रखते।
घोर संकटों में भी जो विचलित ना रहते।।
पूजनीय वे 'सद्गुरु' सम ही, वे ज्यों योगी।
आजीवन वे सचमुच सबका हित ही करते।।

२२६. दोष

कर्म उचित क्या, क्या अनुचित, यह सदा विचारें।
बिना कोप/दुर्भाव, दोष अपने स्वीकारें।।
प्रखर प्रज्ञजन स्वयं इसी को साहस कहते।
साहस से सब कुछ 'सम्भव' यह मन में धारें।।

२२७. ज्ञान वास्तविक

साहस से ही ज्ञान वास्तविक ज्ञात सर्वथा।
प्रबल साहसी देता रिपु को मात सर्वथा।।
सत्य समझने से ही मानव स्वतः साहसी।
साहस से ही पुरुष विश्वविख्यात सर्वथा।।

२२८. स्वतः सफल ही

दुर्गम पथ चुनकर ही साधक स्वतः सफल ही।
अचल तुल्य ही रह वह निश्चित सदा अटल ही।।
पाता 'लक्ष्य' वही निर्धारित सत्प्रयत्न से।
मानव सचमुच असफल यदि, मन से चंचल ही।।

२२९. जैसे सावन

सुख ही देता सत्य/अहिंसा का परिपालन।
इसको मानें कर्म वस्तुतः अतिमनभावन।।
अहं विसर्जित इससे, अद्भुत/सहज नम्रता।
जीवन यही विमोहित करता जैसे सावन।।

२३०. सौम्यभाव

स्वयं मुदित रह अन्यों को भी प्रमुदित रखना।
सौम्यभाव रख शशि सम, जीवन यापन करना।।
इससे ही आनन्द स्वर्ग सम सदा हृदय में।
जनहित में ही सहज बहाएँ सुख का झरना।।

२३१. अहिंसा

करें अहिंसा का पालन, निज मित्र बढ़ाएँ।
मूक मूक पशुओं को ना आहार बनाएँ।।
सुख से जीएँ, अन्यों को भी जीने ही दें।
मान 'दिव्य अभियान' इसी का अलख जगाएँ।।

२३२. परिवेश सुखद

उत्तम उत्तम बातें हम सबको बतलाएँ।
अनुचित बात अगर, मन में, वह त्वरित हटाएँ।।
प्रेरक चर्चा से परिवेश सुखद/अद्भुत ही।
अपने घर को 'इन्द्रभवन' सम रम्य बनाएँ।।

२३३. प्रेम व्यवहार

करके सोच विचार कर्म अनुपम ही करिए।
बहुत हर्ष या घोर द्वेष में कभी न रहिए।।
काम एक ना करिए विकट उतावल से ही।
सुखद प्रेम व्यवहार सदा सबसे ही रखिए।।

२३४. स्वर्ग बसाएँ

शत्रु विकट/घनघोर भले सौगन्धें खाएँ।
फलित वृक्ष सम चाहे वे नित झुक झुक जाएँ।।
सचमुच उन पर लेशमात्र विश्वास करें ना।
उनसे रह अतिदूर हृदय निज स्वर्ग बसाएँ।।

२३५. सम्बन्ध निभाएँ

निर्धन/निर्बल मित्रों से सम्बन्ध निभाएँ।
उनके सुख/दुख में निश्चित ही मन से जाएँ।।
धनिक, अहंकारी, कुटिलों से दूर रहें ही।
कृष्ण, सुदामा सी मैत्री 'आदर्श' बनाएँ।।

२३६. मित्रता

यदि, स्वभाव हो ज्ञात, मित्रता तब ही करिए।
किसी अजनबी पर विश्वास कभी ना रखिए।।
मित्र कभी ना सच्चे कामी, क्रोधी, लोभी।
ऐसे मित्रों से सतर्क आजीवन रहिए।।

२३७. वरदायक

नीच, आलसी, कामी, व्यसनी, कपटी शासक।
प्रजा हेतु आजीवन निश्चित घोर भयानक।।
हो नरेन्द्र मनमोहक शासक अटल/इन्द्रजित्।
ऐसा 'राजा' जन जन हित अद्भुत वरदायक।।

२३८. चक्र समय का

चक्र समय का रिपु को प्रियतम मित्र बताता।
प्रिय मित्रों को घोर शत्रु भी यही बनाता।।
जाने क्या क्या उलट फेर कर यही 'समय' ही।
अनायास ही मनुजों का विस्मय बढ़वाता।।

२३६. दिव्य स्वर्ग

नित्य हँसें हम, अन्यों को भी सहज हँसाएँ।
मित्रों से सम्बन्ध विलक्षण/सुखद निभाएँ।।
सदा सन्तुलित स्वतः नियन्त्रित रहें सर्वतः।
सुस्थिर मन में दिव्य स्वर्ग महनीय बसाएँ।।

२४०. लड्डू

दोनों हाथों में तुम लड्डू नहीं पकड़ना।
दुख के बन्धन में प्रियजन को नहीं जकड़ना।।
ऐसे 'लोभी' कभी, कहीं के भी ना रहते।
मित्रो ! सच्चे मित्रों से ना कभी अकड़ना।।

२४१. सदाचरण ही

सदाचरण से मनुज सदा ही स्वस्थ सर्वतः।
इससे ही वह निश्चित स्वतः तटस्थ वस्तुतः।।
जन जन को आकर्षित करता सदाचरण ही।
मनुज इसी से ज्यों सबके निकटस्थ सत्यतः।।

२४२. लोभ कृपण सम

सभी ओर से जीवन में ना लाभ उठाएँ।
अपने मन में 'लोभ' कृपण सम नहीं जगाएँ।।
दीनों का हित करें यत्नतः निर्मल मन से।
कभी किसी को व्यर्थ तनिक भी नहीं सताएँ।।

२४३. अनुपम प्रणयी

अनुपम प्रणयी आजीवन आनन्दित रहते।
अमृत सम ही वचन मधुर/मनमोहक कहते।।
प्रणयमग्न रह 'स्वर्ग' धरा पर वे ले आते।
अद्भुत अनुभव वे मन के मन में ही रखते।।

२४४. निर्मल साधक

पढ़ने/लिखने वाला अज्ञ कभी ना रहता।
निर्मल साधक पाप कहीं भी कभी ना करता।।
दुर्जन जैसा कलह न करता 'मौन' वस्तुतः।
कभी नहीं भयभीत, सजग वह धीरज धरता।।

२४५. जीवन का सार

दिव्य प्रेम ही हर सुख का आधार वस्तुतः।
शक्ति इसी की अनुपम सदा अपार वस्तुतः।।
ज्ञान, प्रेम में स्वतः छुपा ज्यों पवन जगत में।
यही सर्वथा इस जीवन का सार वस्तुतः।।

२४६. जीवनतन्त्र

बिना हास्य के जीवनतन्त्र बिगड़ ही जाता।
हँसने से आनन्द हृदय निज स्वतः समाता।।
करें हास परिहास चन्द्र सम प्रमुदित रहने।
मानव इससे तन/मन निश्चित स्वस्थ बनाता।।

२४७. दिव्य सुख

काम/क्रोध/मद/लोभ नरक के द्वार सत्यतः।
मग्न इन्हीं में फिर भी..यह संसार सर्वतः।।
अगर, दिव्य सुख पाना जग में, बचें इन्हीं से।
सहज प्रणय ही, जीवन का आधार वस्तुतः।।

२४८. मन की प्रियता

नियत लक्ष्य निर्धारण से निश्चित सक्रियता।
आलस से ही जीवन में भीषण निष्क्रियता।।
अगर, प्रफुल्लित मन, तो सब कुछ सम्भव जग में।
बोलो किसको नहीं रिझाती मन की प्रियता !!

२४९. प्रणय अलौकिक

दोष अन्य के नित्य देखना नीच कर्म ही।
सहज प्रेम को मानें अद्भुत दिव्य धर्म ही।।
प्रणय अलौकिक/दैविक ही सर्वोच्च वस्तुतः।
नहीं जानते सभी इसी का गहन मर्म ही।।

२५०. प्रहारक क्षमता

भले प्रहारक क्षमता हो, पर, क्रोध न करिए।
घोर कुटिलता/छलप्रपंच में चित्त न रखिए।।
रहें सदा गतिमान पवन सम, लक्ष्य साधने।
प्रातःकालिक कमल तुल्य पुलकित ही रहिए।।

२५१. शिक्षा के द्वार

शास्त्र/हृदय/ज्ञानी शिक्षा के द्वार वस्तुतः।
ये बतलाते, क्या जीवन का सार वस्तुतः।।
इन तीनों से परम मित्रता अगर, तुम्हारी।
तो, समझो निश्चित भव से उद्धार वस्तुतः।।

२५२. दयाभाव

दयाभाव से सबको केवल सुख पहुँचाएँ।
रह बिलकुल निःस्वार्थ दिव्य आनन्द उठाएँ।।
भाव रखें मन के सर्वाधिक विमल सर्वतः।
शुभकर्मों से जीवन रवि सम ही उजलाएँ।।

२५३. शुद्ध हृदय से

अपनी दुर्बलता/त्रुटियों को हम पहचानें।
शुद्ध हृदय से इनको निश्चित ही हम मानें।।
घोर दुखद परिणाम, छुपाने से दुर्गुण ही।
इनसे होने मुक्त, उपायों को हम जानें।।

२५४. आडम्बर

यदि, तुमको इतिहास दिव्य आजीवन रचना।
तो आडम्बर युक्त विकट मित्रों से बचना।।
समय नष्ट करते ऐसे ही मित्र नित्यशः।
ऐसे मित्रों से सचमुच ही दूरी रखना।।

२५५. दया

घोर अहं से वर्धित भीषण पाप वस्तुतः।
दुष्टों को तो आजीवन सन्ताप वस्तुतः।।
दिव्य पुण्य की जड़ जाती पाताल स्वतः ही।
दया, धर्म का मूल समझ लें आप वस्तुतः।।

२५६. उचित वचन

नियत समय पर उचित वचन जो कभी न कहते।
न्याय कभी ना करते, चुप्पी साधे रहते।।
वे तो केवल गूँगे ही बस..केवल गूँगे।
आजीवन वे प्रायः केवल दुख ही सहते।।

२५७. प्रियवचन

जो यथार्थ/प्रियवचन किसी के कभी न सुनते।
उत्तम मित्रों को भी अनुभव से ना चुनते।।
वे तो बहरे जैसे, बिलकुल बहरे जैसे।
अनुभव की बातें वे मन से तनिक न गुनते।।

२५८. अति आनन्दित

अथक परिश्रम से ही जीवन अति आनन्दित।
ऐसा जीवन देव तुल्य ही प्रतिपल वन्दित।।
स्वार्थमग्न जो घोर आलसी, निष्क्रिय भारी।
विविध सुखों से निश्चित ही वे बिलकुल वंचित।।

२५९. अमृत औषधि

'जीवन संयत रखना ही', यह योग सिखाता।
सदा सुखी रहने का पथ भी यही दिखाता।।
ऐसी अमृत औषधि 'त्रिभुवन' में सम्भव ना।
योग विलक्षण तन/मन के सब रोग मिटाता।।

२६०. आनन्द

आजीवन ही 'प्रेम' सभी पर सहज लुटाएँ।
सच्चे मित्रों पर अद्भुत विश्वास जताएँ।।
चाहे जो हो, कभी किसी से घृणा करें ना।
ऐसे ही आजीवन बस..आनन्द मनाएँ।।

२६१. सावन में

सचमुच प्रायः कभी न घुटना मन के मन में।
सूखे ही ना रह जाना रिमझिम सावन में।।
प्रणयरूप 'अमृतसागर' में रह निमग्न ही।
सर्वाधिक ही आनन्दित रहना जीवन में।।

२६२. सत्यव्रत

कष्ट स्वयं को हों, ऐसे व्रत अधिक न करिए।
आजीवन ही कभी व्यर्थ चिन्तित ना रहिए।।
बनें सहायक उनके ही, जो भारी दुख में।
यही 'सत्यव्रत', ध्यान इसी का मन में रखिए।।

२६३. सच्चे साथी

बिना दुखों के 'ईश' याद बिलकुल ना आता।
बिन श्रम के जीवन विकसित भी ना हो पाता।।
दुःख/ज्ञान/श्रम - ये तीनों ही सच्चे साथी।
मनुज वही..जो कष्टों में भी ना घबराता।।

२६४. पराक्रमी

पराक्रमी निश्चित कर सकते विश्वविजय ही।
सुख ही देती हर मनुष्य को सहज विनय ही।।
व्यक्ति सदा नर से नारायण दिव्य 'प्रेम' से।
सर्वाधिक आनन्दित रखता शुद्ध हृदय ही।।

२६५. सबसे उत्तम

दोष देखते जो निज, वे निर्दोष सत्यतः।
सबसे उत्तम धन केवल सन्तोष वस्तुतः।।
प्रभुदर्शन प्रत्यक्ष हृदय में यदि, करना तो।
कभी निर्धनों पर ना करिए रोष सर्वतः।।

२६६. मन की दुर्बलता

आलस से ज्यों जीवन में निर्धनता आती।
मन की दुर्बलता ज्यों जीवन नरक बनाती।।
यह आलस तो सभी दुर्गुणों पर भी भारी।
उच्च सफलता सचमुच ही इससे घबराती।।

२६७. जीवन का श्रृंगार

दिव्य 'प्रेम' ही जीवन का श्रृंगार वस्तुतः।
सहज प्रणय से ही सुख अपरम्पार वस्तुतः।।
यही 'प्रेम' ढाई आखर का मनुज तिराता।
यही अलौकिक उस 'प्रभु' का उपहार वस्तुतः।।

२६८. प्रणय

प्रणय सिखाता आजीवन रहना आनन्दित।
निर्मल प्रणयी सदा विश्व से ज्यों अभिनन्दित।।
अगर, 'ईश' से प्रेम किया, तो फिर क्या कहना !
भव से तरता वही भक्त ही..शुभसंकल्पित।।

२६९. रंग में भंग

घोर नरक में ले जाता दुःसंग सत्यतः।
स्वर्ग तुल्य सुख पहुँचाता सत्संग तत्त्वतः।।
तुम्हें सुनिश्चित किस पथ पर जाना यह चुन लो।
किन्तु, ना करो कभी रंग में भंग वस्तुतः।।

२७०. सफल व्यक्ति

जिसे लगन, वह समुचित ही साधन पा जाता।
किन्तु, आलसी आजीवन कुछ भी ना पाता।।
क्या अद्भुत करना जीवन में, हम यह जानें।
सकल विश्व ज्यों सफल व्यक्ति के गुण नित गाता।।

२७१. परम सुखी

महादुखी वे, जिनके मन में पाप वस्तुतः।
परम सुखी वे जग में, जो निष्पाप वस्तुतः।।
पुण्य/पाप ज्यों दोनों सुख/दुख की धाराएँ।
अब कैसे रहना ? ये जानें आप वस्तुतः।।

२७२. लम्पट

निज जीवन में 'लम्पट' बिलकुल भी ना रहना।
अपशब्दों का तुम प्रयोग प्रायः ना करना।।
सदा सहजता से अति अद्भुत रह प्रमुदित ही।
व्यर्थ प्रशंसा जो करते, उनसे भी बचना।।

२७३. उदार ही रहें

चाहे जो हो, हम उदार ही रहें सर्वदा।
मधुर/सत्य/प्रियवचन विलक्षण कहें सर्वदा।।
कटुकवचन कहने से प्रायः बचें वस्तुतः।
दीनों के हित में दुख भी हम सहें सर्वदा।।

२७४. सुख का चन्दन

कभी किसी को लेशमात्र दुख ना पहुँचाएँ।
सबके माथे सुख का चन्दन सहज लगाएँ।।
महक उठेंगी स्वतः आपकी रम्य अँगुलियाँ।
सबको मलयाचल सा अति अद्भुत महकाएँ।।

२७५. पुरुषार्थ

उदासीनता/आलस तो रिपु घोर भयानक।
अकर्मण्यता भी निश्चित ही अतिदुखदायक।।
कर पुरुषार्थ, हराएँ सचमुच इन रिपुओं को।
इससे जीवन 'देवपुरुष' सम ही वरदायक।।

२७६. निर्धन की आस

तनिक नहीं दें कभी किसी को त्रास वस्तुतः।
पूरी करिए ही निर्धन की आस वस्तुतः।।
निर्बल की सेवा तो 'प्रभु' की सेवा जैसी।
कभी ना करें दीनों का उपहास वस्तुतः।।

२७७. दिव्य सृजन

दिव्य सृजन में निज चंचल मन सदा रमाएँ।
सतत पठन/पाठन में सुन्दर हृदय लगाएँ।।
इक पल भी ना नष्ट करें अनुपम जीवन का।
बस ऐसे ही 'अन्तर्मन' में स्वर्ग बसाएँ।।

२७८. रवि जैसे ही

सद्गुण निश्चित नष्ट बिना अभ्यास तत्त्वतः।
किसी शत्रु पर नहीं करें विश्वास वस्तुतः।।
रहें प्रखर/उज्ज्वल जग में हम रवि जैसे ही।
इससे मन में ज्यों दैविक आभास सर्वतः।।

२७९. शाश्वत

सदुपदेश नित करें हृदय से ग्रहण वस्तुतः।
सत्य जान लें, शाश्वत ही है मरण वस्तुतः।।
भवसागर के पार अगर, निश्चित जाना हो।
तुरत पकड़ ही लें 'प्रभुवर' के चरण वस्तुतः।।

२८०. अनुपम मानवता

घोर दुष्ट ना कभी त्यागते हैं दानवता।
बोध विलक्षण होते ही आती पावनता।।
सत्य, धर्म, नैतिकता, अनुशासित कर्मों से।
स्वतः सिद्ध ही हो जाती अनुपम मानवता।।

२८१. सत्यता

'नहीं चाहता कोई, जीवन में दुख आएँ।
सबकी इच्छा यही, सर्वदा ही सुख पाएँ।।
किन्तु, कामनाएँ जब तक, तब तक तो दुख ही'।
यही सत्यता सचमुच जन जन तक पहुँचाएँ।।

२८२. मन आँगन

उच्च विचारों के ही साथ रहें आजीवन।
सुख के पुष्पों से ही महकाएँ मन आँगन।।
ऐसे लोग कभी भी एकाकी ना रहते।
जो अद्भुत/सम्मोहक जैसे रिमझिम सावन।।

२८३. चन्दन सा

अपनी त्रुटियाँ मात/पिता से नहीं छिपाएँ।
अपनों से नित प्रणयपूर्ण सम्बन्ध निभाएँ।।
सदा करें विद्वानों की संगत मन से ही।
ऐसे ही निज जीवन चन्दन सा महकाएँ।।

२८४. सब कुछ उत्तम

'सब कुछ उत्तम', सोच हृदय निज धीरज धरिए।
कभी किसी के भी दुख का कारण ना बनिए।।
यदि, पिपासु को दिया ज्ञान, तो 'फलीभूत' ही।
शरणागत का कष्ट निवारण मन से करिए।।

२८५. प्रतिशोध

व्यर्थ किसी से ना लेना प्रतिशोध वस्तुतः।
दावानल सम तनिक ना करना क्रोध सत्यतः।।
जाने अनजाने ही अपनों के जीवन में।
कभी खड़े ही ना करिए अवरोध सर्वतः।।

२८६. जीवन की गाड़ी

छलप्रपंच के कभी बनें ना विकट खिलाड़ी।
रहें जगत में ऐसे जैसे निपट अनाड़ी।।
मात्र 'प्रेम' की दिव्य शक्ति से सदा चलाएँ।
बहुत सरलता से अपने जीवन की गाड़ी।।

२८७. रहें मुदित ही

जग में कुछ के साथ घोर अन्याय घटित ही।
दुष्ट दुष्टता नहीं त्यागते सर्वविदित ही।।
चाहे प्रतिदिन चक्रवात सम संकट आएँ।
पूनम के मोहक 'चन्दा' सम रहें मुदित ही।।

२८८. प्रेम, ज्ञान, सेवा

प्रेम, ज्ञान, सेवा को अपना लक्ष्य बनाएँ।
लक्ष्य भेदने 'अर्जुन' जैसा ध्यान लगाएँ।।
निष्ठा रख गुरु के प्रति केवल 'एकलव्य' सी।
दिव्य सफलताओं के नव इतिहास रचाएँ।।

२८९. लिखावट

कैसा है व्यक्तित्व ? बताती सहज लिखावट।
क्या क्या ना कहती अक्षर की रचित बनावट !!
लेखन में व्यक्तित्व झलकता दर्पण जैसा।
सुख देती अक्षर की ही अभिराम सजावट।।

२६०. अनुपम मर्म

क्षमता के अनुसार करें हम कर्म सर्वथा।
कर्तव्यों को मानें ही सद्धर्म सर्वथा।।
धर्म/कर्म के जो रहस्य महनीय जानते।
उन्हें ज्ञात जीवन का अनुपम मर्म सर्वथा।।

२६१. सागर जैसा प्रेम

नियत कर्म अनुसार स्वयं का जीवन काटें।
व्यर्थ किसी को घोर अहंवश कभी न डाँटें।।
अगर, हमारे निर्मल मन में, शुद्ध हृदय में।
सागर जैसा प्रेम विशद, उसको हम बाँटें।।

२६२. जीने की आस

सबके मन सुख से जीने की आस जगाएँ।
सदा हृदय निज प्रबल आत्मविश्वास बढ़ाएँ।।
दीन/दुखी यदि, याचक बन आएँ नतमस्तक।
दानी सम ही उनके मन की प्यास बुझाएँ।।

२६३. आकाशी व्यक्तित्व

मुदित महासागर सम पुलकित पुलकित रहिए।
मधुर 'देववाणी' जैसी ही वाणी कहिए।।
आकाशी व्यक्तित्व बनाएँ अतिविस्तृत ही।
अन्तरिक्ष जैसा अद्भुत इतिहास विरचिए।।

२६४. गगन के पार

रखें स्वयं का सरल तरल व्यवहार वस्तुतः।
उपकारी का नित मानें आभार वस्तुतः।।
संयम/प्रेम/व्यवस्था के बन्धन में रहकर।
मुक्त विहग सम उड़ें गगन के पार वस्तुतः।।

२६५. पाखण्ड

जीवन में पाखण्ड वस्तुतः कभी न रचिए।
रिपुओं के षड्यन्त्रों से प्रतिपल ही बचिए।।
घोर संकटों से ना घबराएँ, ना रोएँ।
कठपुतली सा सबके आगे कभी न नचिए।।

२६६. अमृत की गागर

बूँद नहीं हम, स्वयं बनें जीवन में सागर।
छलकाएँ मन के नभ से अमृत की गागर।।
करें मधुर वाणी से सारा जग ही वश में।
प्रभु के बन ही जाएँ मन से नौकर चाकर।।

२६७. रवि सम प्रखर

संयम से ही जीवन रवि सम प्रखर प्रकाशित।
कौन नहीं संयमित व्यक्ति से स्वतः प्रभावित !!
संयम से ही साधक प्रतिपल 'प्रभु' के वश में।
इससे ही व्यक्तित्व कभी भी नहीं विवादित।।

२६८. जीत

अतिसज्जन सम अद्भुत रहें विनीत सर्वतः।
करें हृदय निज अनुभव निर्मल प्रीत तत्त्वतः।।
चपल/प्रमाथी/बली/दृढ़ी मन वश में रख ही।
सब स्वीकारें..मन के जीते जीत सत्यतः।।

२६६. मौन साधना

बहुत बोलना जीवन में सबसे दुखदायक।
मौन साधना साधक हित अनुपम वरदायक।।
वाणी मधुमय सुधा तुल्य रसमग्न बोलिए।
इससे ही व्यक्तित्व चन्द्र सम अतिसुखदायक।।

३००. पारस

नम्र शिष्य को गुरु ही पारस तुल्य बनाता।
शिष्यों को शीतल मटके सा वही रचाता।।
कार्य असम्भव सम्भव करता 'गुरु' महान ही।
गुरु शिष्यों का 'विधि' जैसा ही भाग्यविधाता।।

३०१. विश्वमंच से..

विजय विकारों पर ही पाना विजय वस्तुतः।
हम ना छोड़ें आजीवन ही विनय वस्तुतः।।
विश्वमंच से..सत्य सत्य यह आग्रह सबसे।
'नित्य बहाएँ विमल हृदय में प्रणय वस्तुतः'।।

३०२. पुष्प सम सुरभित

बहुत ना रहें सरल तरल हम आजीवन ही।
करें समर्पित मात/पिता को तन/मन/धन ही।।
रहें पुष्प सम सुरभित/मोहक/अनुपम/न्यारे।
सागर सम ही रखें उल्लसित/अद्भुत मन ही।।

३०३. धर्म का पालन

सद्विवेक के साथ धर्म का पालन करिए।
अपना मन गंगा/यमुना सा पावन रखिए।।
कर्मसमर्पण,   सत्यसमर्पण,   धर्मसमर्पण।
इनसे आजीवन अद्भुत आनन्दित रहिए।।

३०४. अमृत कविता

शब्दों के नव पंख लगा प्रिय भाव उड़ाते।
आकर्षक, मनमोहक, अनुपम पद्य रचाते।।
तब ही अमृत कविता गतिमय रम्य गगन में।
ऐसा ही कर 'कवि' जीवन साकार बनाते।।

३०५. कल्याण

अगर, सुरक्षित रखने पाँचों प्राण सर्वतः।
यदि, चाहें आजीवन ही कल्याण तत्त्वतः।।
उदित चन्द्र सम मुदित रहें हम सहज सौम्य ही।
कभी न छोड़ें कटुशब्दों के बाण वस्तुतः।।

३०६. धर्मतत्त्व

धर्मतत्त्व यदि, युवक जानता, वह वरिष्ठ ही।
ज्ञानमग्न हो अगर, पुरुष, वह ज्यों 'वसिष्ठ' ही।।
गुण/स्वभाव भी यदि, समान, तो स्वतः मित्रता।
सहज मित्रता करें सर्वदा अतिघनिष्ठ ही।।

३०७. कल्पनातीत

बना योजना बहुत धैर्य से आगे बढ़िए।
सदा समय पर काम स्वयं के पूरे करिए।।
तभी सफलता सदा कल्पनातीत वस्तुतः।
रह प्रसन्न अन्यों को पुलकित पुलकित रखिए।।

३०८. सर्प तुल्य

सभी दुर्जनों से आजीवन दूर रहें हम।
एक शब्द भी उनसे मन का नहीं कहें हम।।
सर्प तुल्य ही डँसते दुर्जन चाहे जिसको।
उनसे तो सम्बन्ध तनिक भी नहीं रखें हम।।

३०९. सार्वजनिक कर्तव्य

सार्वजनिक कर्तव्य विलक्षण सहज निभाएँ।
मूक प्राणियों पर अति अद्भुत दया दिखाएँ।।
जनहित में हम अपने सद्गुण कभी न त्यागें।
भले बली हो कितना, उससे भय ना खाएँ।।

३१०. विश्व से प्रेम

निखिल विश्व से प्रेम, कहा यह धर्म सर्वथा।
योग कहाता सदा विलक्षण कर्म सर्वथा।।
बिना किए सत्कर्म, प्रगति प्रायः सम्भव ना।
सद्गुरु से जानें जीवन का मर्म सर्वथा।।

३११. उजियारा

भले गँवाएँ कुछ भी, शिक्षा नहीं गँवाएँ।
शिक्षा का उजियारा इस जग में फैलाएँ।।
यदि, करना संकल्प कभी शुभ, शुद्धहृदय से।
निरक्षरों को साक्षरता के पाठ पढ़ाएँ।।

३१२. गुरु समक्ष

अन्यायों का तुम विरोध आजीवन करना।
सदा सत्य के पथ पर नित चलते ही रहना।।
अति अद्भुत/सुखमय ही जीवन नैतिकता से।
गुरु समक्ष अपने को सचमुच विनयी रखना।।

३१३. पण्डित

प्रेम व्यक्ति को सदा सहज रखता ही गतिमय।
निर्मल प्रणय बनाता जीवन अनुपम/मधुमय।।
विमल प्रेम के ढाई अक्षर पढ़ यह प्राणी।
अति अद्भुत 'पण्डित' रहता ज्यों प्रतिपल सुखमय।।

३१४. देव तुल्य

कुटिल बुद्धि ही षड्यन्त्रों को जटिल रचाती।
अस्थिर बुद्धि विशेष व्यक्ति को विफल कराती।।
जीवन शृंगारित करती 'मति' देव तुल्य ही।
सुस्थिर मति महनीय स्वतः ही सफल बनाती।।

३१५. मन से देना

वस्तु अनुपयोगी देना तो नहीं दान ही।
इसका रखना आजीवन ही सदा ध्यान ही।।
जो कुछ देना, मन से देना 'कर्ण' तुल्य ही।
इसमें दाता/याचक का भी स्वतः मान ही।।

३१६. उज्ज्वल सूरज

सबके मन में अतुलित साहस प्रकटित करिए।
घोर महादुष्टों तक से बिलकुल ना डरिए।।
रावण तक का अहं 'कालवश' स्वतः नष्ट ही।
सबके मन में सुख का उज्ज्वल सूरज भरिए।।

३१७. अद्भुत दृढ़ता

अगर, घोर दुष्कर्म, सदा पछताना पड़ता।
काल सभी के मुख पर घोर तमाचे जड़ता।।
इसीलिए 'सत्कर्म' करें ही शुद्ध हृदय से।
सफल कराती निर्मल मन की अद्भुत दृढ़ता।।

३१८. निःशंक

भ्रम की ऊँची दीवारें तुम खड़ी न करना।
चक्रवात सम संकट में भी धीरज धरना।।
रहो सदा निःशंक, प्रखरतम, निर्भय, निर्गुण।
सतत ध्यान सत्कर्मों में आजीवन रखना।।

३१९. धन का उपभोग

चाहे कुछ भी बनें, कृपण बिलकुल ना बनिए।
नियत समय, समुचित अवसर पर व्यय भी करिए।।
घोर कृपणता से धन का उपभोग कभी ना।
सागर/शशि/नभ/अन्तरिक्ष सम मोहक रहिए।।

३२०. सर्वविनाशक

संकट में घबराना भारी दोष सत्यतः।
सर्वविनाशक ही मानव का रोष सत्यतः।।
सिवा वित्त के लोभी को कुछ भी ना दिखता।
कृपण/दुर्जनों को तो ना सन्तोष सत्यतः।।

३२१. वरदायक

रचें नहीं 'षड्यन्त्र' कभी भी सर्वविनाशक।
उपदेशक से अधिक प्रभावी बनें सहायक।।
समाधान केवल उपदेशों से सम्भव ना।
सहायता तो कभी कभी अद्भुत वरदायक।।

३२२. डूबे रहिए

गुणी/बड़ों के आगे त्याग अहं का करिए।
छोटों के प्रति भाव घृणा के कभी न रखिए।।
द्वेष, वैर, ईर्ष्या से नष्ट मनुजता अनुपम।
इन दोषों को त्याग 'ज्ञान' में डूबे रहिए।।

३२३. आभूषण

नित्य दान अनुपम आभूषण हर दाता का।
सन्तति के प्रति भाव विलक्षण हर माता का।।
अति उदारता से तो जीवन स्वर्ग तुल्य ही..
निश्चित अद्भुत..सर्वाधिक निर्मल ज्ञाता का।।

३२४. मातृभूमि

मातृभूमि के लिए सदा ही मरना／जीना।
नित्य छानकर ही आजीवन पानी पीना।।
धरा स्वयं की स्वतः भूलना ज्यों मरना ही..।
दुख उसको ही, जिसने अन्यों का सुख छीना।।

३२५. मधुर सम्बन्ध

मन के आँगन सद्भावों के वृक्ष लगाएँ।
सबके जीवन में हम सुख के पुष्प खिलाएँ।।
विकट समस्या कभी किसी के लिए बनें ना।
अन्तिम क्षण तक सहज／मधुर सम्बन्ध निभाएँ।।

३२६. हरियाली

वर्षा में इक पेड़ गाँव में स्वयं लगाएँ।
पानी जैसा रत्न व्यर्थ हम नहीं बहाएँ।।
सम्मोहक परिवेश स्वर्गसुख देता सबको।
आसपास अपने हरियाली ही फैलाएँ।।

३२७. कर्मनिरत

धन के पीछे श्रेष्ठ 'पुरुष' ना कभी भागते।
कर्मनिरत वे कम सोते नित अधिक जागते।।
राग／द्वेष／शंका／भय／दुख／छलकपट न उनमें।
घोर मोहमाया, अवगुण वे सदा त्यागते।।

३२८. प्रभु का वन्दन

शुभ विचार निज मन रखना ज्यों प्रभु का वन्दन।
सहज बनाएँ ही मन आँगन ज्यों नन्दनवन।।
वृद्धजनों की सेवा करना विमल हृदय से।
इससे जीवन स्वतः सुगन्धित जैसे चन्दन।।

३२९. सहज प्रेम

सहज प्रेम, देने से ही अति अद्भुत वर्धित।
प्रणययुगल इससे ही सचमुच अनुपम गर्वित।।
स्वर्ग धरा पर ले आते प्रणयी साहस से।
विरच नया इतिहास स्वतः वे भारी चर्चित।।

३३०. चरण बढ़ाएँ

उभरें जब मतभेद, स्वतः ही चुप हो जाएँ।
मौन साध लें, शब्दों के ना बाण चलाएँ।।
कभी व्यर्थ संघर्षों से ना सिद्ध सफलता।
उचित दिशा में बहुत प्रेम से चरण बढ़ाएँ।।

३३१. रम्य परिवेश

लेकर साथ तनावों को 'घर' कभी ना आएँ।
सभी सदस्यों को केवल सुख ही पहुँचाएँ।।
रचें रम्य परिवेश विलक्षण स्वर्गाधिक ही।
ना कलंक घनघोर किसी पर व्यर्थ लगाएँ।।

३३२. सुरभित पुष्प

सुरभित पुष्प नहीं देते उपदेश वस्तुतः।
किन्तु, सुगन्धित ही रचते परिवेश वस्तुतः।।
काँटे उनके साथ भले ही नित उगते हों।
पर, वे अनुभव कभी न करते क्लेश वस्तुतः।।

३३३. अमृत

आसपास परिवेश सर्वतः रखें सुखद ही।
करें नहीं व्यवहार किसी से घोर दुखद ही।।
नहीं फटकने दें चिन्ताएँ पास स्वयं के।
अमृत ही बरसाएँ रह ज्यों रम्य जलद ही।।

३३४. विष के वृक्ष

बीज घृणा के केवल विष के वृक्ष उगाते।
उन्हें उगानेवाले सुख बिलकुल ना पाते।।
रहें सर्वदा 'कल्पवृक्ष' सम अनुपम दानी।
दानी अपने गुण आजीवन कभी न गाते।।

३३५. दिव्य मुक्ति

देह रम्य, तो चंचल मन भी स्वतः सहज ही।
रहे जीव आनन्दित, वन में जैसे गज ही।।
अगर, मनुज को दिव्य मुक्ति निश्चित पाना हो।
करे ईश का भजन मोहमाया सब तज ही।।

३३६. जीवनपथ

वह स्वदेश ही, जहाँ जीविका स्वतः सुगम ही।
बिना मित्र के तो जीवनपथ अतिदुर्गम ही।।
अगर, मित्रता करें हृदय से, उसे निभाएँ।
चमकें जग में हम सूरज जैसे चमचम ही।।

३३७. जाग्रत

अपनी कमियों को लेकर धीरज ना खोएँ।
बात बात में सबके सम्मुख कभी न रोएँ।।
जो जाग्रत/सक्रिय, वह निश्चित सब कुछ पाता।
इसीलिए खूँटी ताने बिलकुल ना सोएँ।।

३३८. सबसे उत्तम

'सम्भव हो, तो कम ही बोलें निज जीवन में।
काटछाँट बिलकुल ना रक्खें सुन्दर मन में।।
सबसे उत्तम..कर्तव्यों का नियमित पालन'।
सद्विचार ये पहुँचा ही दें हम जन जन में।।

३३९. प्रातिस्पर्धिक भाव

प्रातिस्पर्धिक भाव 'शिखर' पर ले ही जाता।
अन्यों को सुख देकर ही मानव सुख पाता।।
अगर, व्यक्ति उद्दण्ड/नीचतम/कपटी/छलिया।
उसका प्रायः आजीवन ही दुख से नाता।।

३४०. पाप का मूल

जिनके मन में सत्य नहीं, वे न्याय न करते।
अन्यायी आजीवन सुख से कभी न रहते।।
लोभ पाप का मूल वस्तुतः कारण दुख का।
जो जैसा भी करते, वे वैसा ही भरते।।

३४१. प्रेम सनातन

अगर, किया विधि के नियमों का सम्यक् पालन।
तो यह जीवन मोहक जैसे रिमझिम सावन।।
निश्चित इससे ही हम सहज समझ सकते ही।
स्वतः वस्तुतः अपने मन में 'प्रेम' सनातन।।

३४२. सम्पर्क

प्रज्ञों से सम्पर्क निरन्तर निश्चित रखिए।
उनसे ही संवाद प्रेम से निसदिन करिए।।
हानि मनुज को तनिक नहीं सज्जन संगति से।
सम्भव हो, तो सज्जन के कष्टों को हरिए।।

३४३. निर्वहन

रखें सद्विचारों का अद्भुत सहज संकलन।
कर्तव्यों का करें हृदय से स्वतः निर्वहन।।
रहें सदा सन्तुष्ट, हमें जो मिला 'ईश' से।
हम कितने पानी में ? यह भी करें आकलन।।

३४४. नित्य अध्ययन

विविध विशद ग्रन्थों का करिए नित्य अध्ययन।
जहाँ जहाँ गुरुओं की निन्दा, करें निर्गमन।।
सहज बनाएँ निज जीवन 'आदर्श' वस्तुतः।
साधारण से कभी न सम्भव ईश निर्वचन।।

३४५. नवपन्थ

प्रगति हेतु 'नवपन्थ' स्वयं का आप बनाएँ।
नित्य नियमतः उस पर आगे बढ़ते जाएँ।।
अद्भुत छोड़ें आप छाप इस जग पर न्यारी।
शुभकर्मों से आकाशी इतिहास रचाएँ।।

३४६. भरें उड़ानें

भरें उड़ानें आप प्रगति की सबसे न्यारी।
आजीवन संघर्ष ज्ञान हित रक्खें जारी।।
लक्ष्यसिद्धि तक लेशमात्र भी विचलित ना हों।
निश्चित तभी अचम्भित होगी दुनिया सारी।।

३४७. सच्चा योगी

अन्यों को सहयोग करें बन ही सहयोगी।
योग लगाएँ प्रतिदिन ही रहने नीरोगी।।
यदि, समत्व मन में, कर्मों में दिव्य कुशलता।
मन सुस्थिर, तो सचमुच साधक अनुपम योगी।।

३४८. गच्चा

अगर, स्वास्थ्य उत्तम तो निश्चित सब कुछ अच्छा।
रहें सदा ज्यों चंचल/मोहक/सुन्दर बच्चा।।
अगर, सद्गुणों में ना बदले दुर्गुण अपने।
कभी कहीं भी खा सकते जीवन में गच्चा।।

३४९. बहुत अधिक वाचाल

कभी रहें ना बहुत अधिक वाचाल वस्तुतः।
भाव रखें ना विकट घोर विकराल सर्वतः।।
यदि, गुरुजन आदेश करें स्वर्णिम भविष्य हित।
करिए उनका अनुपालन तत्काल सत्यतः।।

३५०. अनुशासन के गीत

करता जो भयग्रस्त, वही भयभीत सर्वतः।
उसको विचलन स्वतः कल्पनातीत वस्तुतः।।
सदा सफलताएँ उसके ही चरण चूमतीं।
जिसने गाए अनुशासन के गीत सत्यतः।।

३५१. अतुलित सुख

किसी काम में जल्दी बिलकुल नहीं मचाएँ।
कभी किसी को घोर कष्ट हम ना पहुँचाएँ।।
सज्जन जैसे रहें सर्वदा सरल तरल ही।
ना दानव सम कृत्य करें, अतुलित सुख पाएँ।।

३५२. विश्लेषण

अनुभव के विश्लेषण से ही सहज साधना।
घोर नीच से नहीं करें हम कभी याचना।।
जीवन का श्रृंगार वस्तुतः दिव्य 'प्रणय' ही।
निर्मल मन से करें उसी की प्रबल कामना।।

३५३. अक्षय ज्ञान

उत्तम बातें सदा हृदय से करें ग्रहण ही।
भावुकता से करें सत्य का स्वतः वरण ही।।
अक्षय ज्ञान दिया 'प्रभु' ने यदि, दिव्य कृपा से।
योग्य व्यक्तियों तक उसका करना वितरण ही।।

३५४. रवि तुल्य प्रखरता

मन को निश्चित विचलित करती बहुत मुखरता।
मनुज जन्मतः बिगड़ा, वह ना कभी सुधरता।।
फिर भी 'ईशकृपा' होती, यदि, अतिविशिष्ट ही।
आती जीवन के नभ में रवि तुल्य प्रखरता।।

३५५. मनभावन

स्वतः व्यक्ति को व्यक्ति बनाता ही अनुशासन।
उच्च सफलताएँ देता इसका अनुपालन।।
नियत कर्म कर शुद्ध हृदय से आजीवन ही।
हम निश्चित हो सकते जन मन के मनभावन।।

३५६. सम्यक् बोध

कर्तव्यों का जिनको सम्यक् बोध वस्तुतः।
कभी न आता जिन्हें अग्नि सम क्रोध वस्तुतः।।
जिनकी भक्ति विमलतम मीरा/तुलसी जैसी।
ईश मिलन में उनको क्या अवरोध वस्तुतः !!

३५७. अद्भुत प्रकाश

अन्त सभी संग्रह का निश्चित ही विनाश ही।
चिन्ताओं से हर मानव भारी निराश ही।।
निश्छलता, निर्मलता, समता, ज्ञान, सहजता।
इनसे ही मन में रवि सम अद्भुत प्रकाश ही।।

३५८. दिव्य दिव्य सुख

घोर अहं निज मन से कर दें तुरत विसर्जित।
अपने सारे कर्म करें ही 'प्रभु' को अर्पित।।
सहज अलौकिक दिव्य दिव्य सुख अनुभव अद्भुत।
अगर, प्रणय का भाव हृदय निज अनुपम वर्धित।।

३५९. अतिमनभावन

अनुशासन के बिना अधूरा मानव जीवन।
बिना प्रणय के हृदय वस्तुतः सूखा सावन।।
चाहे जो हो, प्रणयमग्न ही रहना सीखें।
इससे मन में दिव्य स्वर्गसुख अतिमनभावन।।

३६०. अन्तरिक्ष सम

आए अवसर के आजीवन लाभ उठाएँ।
कभी प्रतिष्ठा किसी व्यक्ति की नहीं गिराएँ।।
रखें महासागर सम ही उल्लास हृदय में।
अन्तरिक्ष सम विशद स्वयं को स्वतः बनाएँ।।

३६१. सर्वस्व

सरिताएँ ही सबको जल उपलब्ध करातीं।
निज स्वभाव से वे जग को सुख ही पहुँचातीं।।
उनसे जीवन पाते अद्भुत जलचर सारे।
सागर पर वे ज्यों अपना 'सर्वस्व' लुटातीं।।

३६२. अद्भुत हरियाली

वृक्ष सदा ही देते अति अद्भुत हरियाली।
विहगों को प्रमुदित करती इनकी हर डाली।।
पुष्प सुगन्धित, मधुरिम फल ये देते सबको।
इनकी तो हर क्रिया विमोहक/सुखद/निराली।।

३६३. अमृत

ग्रीष्म अन्त में मेघ गगन में छा ही जाते।
आते ही 'आषाढ़', मोर ये बहुत नचाते।।
विश्व झूम उठता इनके 'शुभदर्शन' से ही।
धरा तृप्त करने ये अमृत ही बरसाते।।

३६४. चक्रवात

पवनदेव प्राणों को प्रतिपल सुख पहुँचाते।
देते जीवनदान विश्व को, मन बहलाते।।
शक्ति जीवनी इनकी अति अद्भुत/अनुपम ही।
कभी कभी ये चक्रवात अतिभीषण लाते।।

३६५. सम्मोहक परिवर्तन

शशि की किरणें सबको शीतलता पहुँचातीं।
औषधियों को ये ही गुणमय/पुष्ट बनातीं।।
इन्हें देख अभिभूत वस्तुतः प्रणयी सारे।
ये स्वभाव में सम्मोहक परिवर्तन लातीं।।

३६६. मन के सच्चे

बच्चे मन के सच्चे प्रतिदिन धूम मचाते।
उछलकूद अति अद्भुत करते नित मुसकाते।।
इनकी हर किलकारी मन आनन्दित करती।
अपने घर को निश्चित ही ये स्वर्ग बनाते।।

३६७. बच्चों की बोली

सबको आकर्षित करती बच्चों की बोली।
विविध विविध ही खेल खेलती इनकी टोली।।
जीवन के आनन्द अनूठे केवल इनसे।
सुख के फूलों से ये भरते सबकी झोली।।

३६८. अभिवादन

आजीवन केवल अपने पर करिए शासन।
करना अपनों का मन से अद्भुत अभिवादन।।
सहज नेह रख दया सदा करना छोटों पर।
इनसे ही व्यक्तित्व विमोहक/अतिमनभावन।।

३६९. नींव

सद्विचार है नींव, भवन तो सदाचार ही।
अपने मन में कभी न लाएँ दुर्विचार ही।।
रख विनम्रता मन में, आदर दें वरिष्ठ को।
उनको दर्शाना श्रद्धा अद्भुत अपार ही।।

३७०. आनन्द

श्रम से निश्चित देह सदा सन्तुष्ट सर्वतः।
कष्टों से मस्तिष्क स्वतः सम्पुष्ट वस्तुतः।।
अगर, स्वस्थ तन/मन, तो ही आनन्द विलक्षण।
अतः, किसी से नहीं रहें हम रुष्ट सत्यतः।।

३७१. व्यक्तित्व विकास

निज मन रक्खें हिमालयी विश्वास वस्तुतः।
सदा कल्पनातीत प्रेम आभास वस्तुतः।।
प्रेम/ज्ञान/विश्वास स्वतः यदि, प्रकट हृदय में।
इनसे ही अद्भुत व्यक्तित्व विकास वस्तुतः।।

३७२. मन का दर्पण

स्वार्थ त्याग के बिना सिद्ध ना कभी समर्पण।
तिलांजली दे, दोषों का कर ही दें तर्पण।।
अगर, 'आत्मदर्शन' करना हो, तो सचमुच ही।
अनुपम/उत्तम साधन निर्मल मन का दर्पण।।

३७३. स्वतः निवारण

घृणा, द्वेष, गुरुद्रोह पतन के भारी कारण।
शील/क्षमा जैसे ही गुण हम कर लें धारण।।
यदि, समग्रतः 'योग' लगाया प्रतिदिन मन से।
तो, भव के कष्टों का निश्चित स्वतः निवारण।।

३७४. अन्तर्मन

सबके 'अन्तस्' में गतिमय रसधार सर्वदा।
सहज प्रणय ही जीवन का आधार सर्वदा।।
अन्तर्मन में करें इसे अनुभव प्रतिपल ही।
कभी ना चलें केवल मन अनुसार सर्वदा।।

३७५. अमृतवर्षक ही मेह

निज मन में ना रखें तनिक सन्देह सर्वथा।
मात/पिता से करें विमलतम नेह सर्वथा।।
सन्तप्तों की प्यास बुझाने, दुःख मिटाने।
बनें सरस/अमृतवर्षक ही 'मेह' सर्वथा।।

३७६. आकाशी सम्मान

पारखियों को हीरों की पहचान तत्त्वतः।
गुरुओं का प्रिय शिष्यों पर ही ध्यान सर्वतः।।
उत्तम सन्तानें जग में प्रिय मात/पिता को।
स्वतः दिलातीं आकाशी सम्मान वस्तुतः।।

३७७. टिमटिम तारे

रत्न तुल्य ही दिखते नभ में टिमटिम तारे।
दुख के बाद सदा सुख आते मन के द्वारे।।
माप नहीं सकते हम सागर की गहराई।
अगर, कभी बैठे हों जाकर दूर किनारे।।

३७८. जिज्ञासा

जिज्ञासा ही सदा 'सत्य' अनुभव करवाती।
कर्मनिष्ठता अद्भुत उन्नति स्वतः कराती।।
आकाशी सपने नयनों में मधुर बसाएँ।
सुख की 'अमृतधारा' मन की प्यास बुझाती।।

३७९. तत्पर

सत्य/धर्म में प्रतिपल तत्पर रहें नित्यशः।
सुख/दुख जैसे द्वन्द्वों में सम रहें नित्यशः।।
मूल तत्त्व को 'अनुभव' से ही जान सत्यतः।
आजीवन ही 'योग' विलक्षण करें नित्यशः।।

३८०. प्रणय का सोता

जीवन में अन्याय चिरन्तन कभी न होता।
नहीं सूखता सचमुच दिव्य 'प्रणय' का सोता।।
लक्ष्य सिद्धि ही पाता 'जाग्रत' मनोयोग से।
कुछ भी ना उपलब्ध उसे, जो केवल रोता।।

३८१. सदुपयोग

सदुपयोग सब करें समय का रह संकल्पित।
बुरे कर्म कर मनुज स्वतः मन ही मन लज्जित।।
देव तुल्य हो ही जाएँ निज सत्कर्मों से।
तभी सदा ही रह सकते हम प्रतिपल पुलकित।।

३८२. अनुपम अनुभव

यदि, दुख में भी मानव को ना ज्ञान वस्तुतः।
अगर, सत्यता का उसको ना भान तत्त्वतः।।
तो, उसको अद्भुत/अनुपम अनुभव ना आते।
नष्ट सभी को कर देता अभिमान सर्वतः।।

३८३. निमग्न

विशद सृजन में ही निमग्न मतिमान सर्वदा।
विध्वंसों में नित्य दुष्ट का ध्यान सर्वदा।।
ज्ञान विलक्षण स्वतः मनुज को मनुज बनाता।
नष्ट इसी से निश्चित सब व्यवधान सर्वदा।।

३८४. चमत्कार

कुछ ना खाएँ कभी अकेले गुपचुप गुपचुप।
बुरे काम ना कभी करें हम छुपछुप छुपछुप।।
देह मनुज की बार बार बिलकुल ना मिलती।
चमत्कार ही मानें हम जीवन को सचमुच।।

३८५. सद्गति

'प्रभुवर देख रहे हैं', सज्जन अनुभव करता।
पापों से इसलिए वही मन ही मन डरता।।
सदा पुण्य करता वह, उत्तम 'सद्गति' पाने।
वही मुक्त, जो प्रतिपल प्रभुचरणों में रमता।।

३८६. सब सध जाते

करें न जग में सबसे सुख की आस वस्तुतः।
रखें एक पर ही दृढ़तम विश्वास सत्यतः।।
एक साधने से ही निश्चित सब सध जाते।
रखें हृदय निज विजय तुल्य उल्लास तत्त्वतः।।

३८७. कभी न भूलें

घोर निराशा ज्यों भारी अपमान सर्वथा।
अनुभव से लें सहज वास्तविक ज्ञान सर्वथा।।
करें आत्म अवलोकन हम मन मन प्रतिदिन ही।
कभी न भूलें आजीवन मुसकान सर्वथा।।

३८८. नतमस्तक

निर्धनता में भी जो प्रमुदित, वे निर्धन ना।
सत्कर्मों के बिना सफलतम यह जीवन ना।।
अनुपम गुरु की शरण तुरत नतमस्तक जाएँ।
उनके बिन आजीवन ही सुस्थिर यह मन ना।।

३८९. बीज सफलता के

निश्चित ही..जग में कोई पल अशुभ न होता।
व्यर्थ व्यर्थ की चिन्ता में घुल मानव रोता।।
श्रम/मति/बल बिन बीज सफलता के न उगते।
कभी न सूखे दिव्य 'प्रणय' का अद्भुत सोता।।

३६०. उत्तम संगत

आजीवन ही करें नियमतः उत्तम संगत।
बहुत प्रभावी अति अद्भुत संगत की रंगत।।
स्वाभिमान से दो सूखी रोटी ही खाएँ।
ना खाएँ पकवान विविध ही हम रह मंगत।।

३६१. सब कुछ अर्पण

गुरु के आगे निज पापों का कर दें तर्पण।
दिख सकता तब स्वतः सत्य का निर्मल दर्पण।।
अगर, देखना हो तुमको 'गोविन्द' हृदय में।
प्रिय गुरु को ही कर दें अपना सब कुछ अर्पण।।

३६२. सदा स्वस्थ मन

बहुत अधिक सोना ही आलस घोर बढ़ाता।
आलस प्राणी को रोगी स्वयमेव बनाता।।
मन से सक्रिय रहने से सुख सदा सहस्रों।
सदा स्वस्थ मन जाने क्या क्या काम कराता !!

३६३. मुसकाएँ

चाहे जो हो, खाना ज़्यादा कभी न खाएँ।
आग पेट की नियत समय पर नित्य बुझाएँ।।
दुर्विचार ना हों प्रविष्ट ही किसी रूप में।
अगर, स्वस्थ रहना, तो शशि सम ही मुसकाएँ।।

३६४. झूठा ही संसार

भरा पटा जीवों से यह संसार सर्वतः।
सन्त बोलते –'झूठा ही संसार वस्तुतः'।।
इसमें दुख के काँटे विषमय चुभते भारी।
प्रायः सुख ना देता यह संसार सत्यतः।।

३६५. अनुभव का दर्शन

अनुभव का 'दर्शन' ही सबको यही बताता।
'जो इस जग में आता, वह निश्चित ही जाता।।
बिलकुल ना सम्भव परिवर्तन विधि नियमों में।
फिर भी मानव क्रूरकाल से क्यों घबराता ?'

३६६. विश्वास न करिए

विकट विश्व पर बिलकुल भी विश्वास न करिए।
गौरैया सम सदा सजग प्रतिपल ही रहिए।।
यदि, प्रसंग आए कोई प्रत्यक्ष वस्तुतः।
निज क्षमता से दीनों के दुख निश्चित हरिए।।

३६७. विद्यादान

इस जग में आए, तो 'विद्यादान' करें ही।
निरक्षरों का सचमुच सम्यक् ध्यान रखें ही।।
अलख ज्ञानवर्धन का अद्भुत दिव्य जगाएँ।
इसके हित भी मन में प्रतिपल धैर्य धरें ही।।

३६८. ज्ञानगणित

हम विचित्रतम ज्ञानगणित कुछ नहीं लगाएँ।
अपने मन को बहुत अधिक भी ना भरमाएँ।।
अगर, अलौकिक जीवन अद्भुत हमें बनाना।
सत्य/धर्म के 'नवपथ' पर गतिमय हो जाएँ।।

३६९. यह संसार

करें ध्यान से अनुभव यह संसार सर्वतः।
इसमें निश्चित सबको कष्ट अपार सत्यतः।।
इसकी 'माया' कभी रुलाती, कभी हँसाती।
आते/जाते, सुख/दुख बारम्बार वस्तुतः।।

४००. विशद ज्ञान

हम अपनों की हँसी कभी भी नहीं उड़ाएँ।
सम्भव हो, तो दुष्टों से हम पिण्ड छुड़ाएँ।।
सहज शान्ति से, सत्कर्मों से जीवन अपना।
विशद ज्ञान पाने में निश्चित स्वयं लगाएँ।।

४०१. मन के घोड़े

मन के घोड़े बहुत अधिक हम ना दौड़ाएँ।
रखें नियन्त्रित उनको, चिन्ता दूर भगाएँ।।
जीएँ जीवन स्वस्थ, लगाकर योग सर्वथा।
दिव्य दिव्य सुख रह निश्चिन्त स्वतः ही पाएँ।।

४०२. सृष्टि

सदा अलौकिक ही कविता की सृष्टि सत्यतः।
अमृत ही बरसाती कविता वृष्टि सर्वतः।।
मानवता की यही उच्चतम/दिव्य अवस्था।
दिव्य दृष्टि जैसी कविता की दृष्टि तत्त्वतः।।

४०३. विरोध

चाहे जो हो, अत्याचारी से ना डरिए।
अत्याचारों का विरोध आजीवन करिए।।
मानव जीवन इसीलिए ही पाया हमने।
सचमुच ही संघर्ष हेतु दुस्साहस रखिए।।

४०४. दुख भी सुख ही

जग में कोई भी कष्टों से ना बच पाता।
घोर घोर अपमान मरण सम दुख पहुँचाता।।
पर, दुख को सुख मान उसे सहते ही ज्ञानी।
उनके हित तो वह दुख भी सुख ही हो जाता।।

४०५. धीरज/सन्तोष

प्रखर ज्ञान का ना होना ज्यों दोष सर्वथा।
यही दोष उपजाता मन में रोष सर्वथा।।
दोषयुक्त बातें, निन्दा भी कभी ना करना।
इससे ही मन में धीरज, सन्तोष सर्वथा।।

४०६. अभिशाप

घोर निराशा महाविकट अभिशाप वस्तुतः।
सदा दुष्टता करना भीषण पाप वस्तुतः।।
बचें निराशा, घोर नीचता से जीवन में।
परहित कर ही सदा रहें निष्पाप वस्तुतः।।

४०७. बीज घृणा के

बीज घृणा के कभी न बोना, ध्यान रखो तुम।
बहुत अधिक बिलकुल ना सोना, ध्यान रखो तुम।।
तिरस्कार के पौधे विकसित घोर घृणा से।
नहीं निराशावादी होना, ध्यान रखो तुम।।

४०८. विनम्रता

पत्थर को भी तुरत मोम करती विनम्रता।
प्रायः सज्जन के मन में बसती विनम्रता।।
सहज विनय से काम करें हम, उग्र रहें ना।
स्वतः मौन रह सब कुछ ही कहती विनम्रता।।

४०९. दिव्य कर्म

रण में हत्या धर्म, अन्यथा यह 'अधर्म' ही।
पापी तक को मुक्त कराते दिव्य कर्म ही।।
मानव पाता 'लक्ष्य' उच्चतम, सत्कर्मों से।
सब ही जानें धर्म/कर्म का सहज मर्म ही।।

४१०. दुखों का नाश

करता ही 'पुरुषार्थ' दुखों का नाश सर्वथा।
नहीं कभी भी इससे पुरुष निराश सर्वथा।।
घोर असम्भव सम्भव इससे निश्चित जग में।
यही सफलता का छूता आकाश सर्वथा।।

४११. भाग्यविधाता

अन्यायों पर जिसे क्रोध भीषणतम आता।
अपमानों को भी जो बिलकुल ना सह पाता।।
वही पुरुष है, वही पुरुष है, वही पुरुष ही।
निश्चित सदा सहायक उसके भाग्यविधाता।।

४१२. अचल बुद्धि

अचल बुद्धि से जग में सब कुछ साध्य सर्वतः।
इससे ही जग झुकने को ज्यों बाध्य सत्यतः।।
इससे ही 'चाणक्य' लक्ष्य पाए अनुपम ही।
सुलभ इसी से निज मन में आराध्य तत्त्वतः।।

४१३. दिव्य पुस्तकें

दिव्य पुस्तकें आजीवन ही सुख पहुँचातीं।
प्रेरित करतीं ये, पाठक के कष्ट मिटातीं।।
इनमें शक्ति विशेष कल्पनातीत विलक्षण।
घोर नरक को भी ये अनुपम 'स्वर्ग' बनातीं।।

४१४. रम्य पुस्तकें

रम्य पुस्तकें सचमुच मन का मैल छुड़ातीं।
कष्ट हृदय के मिटा विलक्षण सुख पहुँचातीं।।
इनसे अद्भुत/अनुपम अनुभव हर वाचक को।
उच्च सफलताओं के ये ही स्वप्न सजातीं।।

४१५. सुस्थिर मति से

अस्थिर मति से कभी न अनुपम उच्च सफलता।
उलटे इससे पदे पदे ही घोर विफलता।।
सुस्थिर मति से निश्चित पूरी मनोकामना।
अचल बुद्धि से सब कर्मों में सदा सहजता।।

४१६. स्वतः उल्लसित

करें पुस्तकों का अति अद्भुत विशद संकलन।
सदा प्रेरणा पाता इससे मानव जीवन।।
ये ही शिक्षा देतीं सबको 'शाला' जैसी।
सागर सम ही स्वतः उल्लसित इनसे तन/मन।।

४१७. पुलकित पुलकित

विमल प्रेम से मनुज 'ईश' से मिल ही सकता।
इसी प्रणय से मानव पुलकित पुलकित रहता।।
शुष्क वृक्ष सम ही यह जीवन बिना 'प्रेम' के।
प्रणयी के मन अमृत निर्झर अविरल बहता।।

४१८. दृढ़ आधार

प्रेम चाहता आजीवन अधिकार वस्तुतः।
बदले में यह देता प्रिय उपहार वस्तुतः।।
सदा समर्पण इसमें दोनों पक्षों का ही।
यही सुखी जीवन का दृढ़ आधार वस्तुतः।।

४१९. प्रणय सुमन

दिव्य प्रणय तो मात्र मनुज को स्वतः सुगम ही।
भाव/समर्पण इसमें प्रतिपल सर्वसुलभ ही।।
सदा कल्पनातीत/अलौकिक यह 'अनुभव' तो।
नित सुगन्ध फैलाते अनुपम प्रणय सुमन ही।।

४२०. प्रणय विलक्षण

प्रणय विलक्षण मन की भारी अगन मिटाता।
दो हृदयों में यही मिलन की लगन बढ़ाता।।
यह दुख को परिवर्तित करता अद्भुत सुख में।
प्रणय युगल का जीवन यह 'आदर्श' बनाता।।

४२१. प्रेरणा प्रीत

इसी सृष्टि की प्रथम प्रेरणा 'प्रीत' वस्तुतः।
प्रणय सर्वथा दिव्य कल्पनातीत सत्यतः।।
स्वर्गाधिक आनन्द इसी से अनुभव मन में।
सहज प्रणय में कुछ भी ना विपरीत तत्त्वतः।।

४२२. पोथी पढ़ि पढ़ि

पोथी पढ़ि पढ़ि मानव 'पण्डित' ना हो पाता।
इससे ज्ञान विलक्षण/अद्भुत उसे न आता।।
ढाई आखर सीख 'प्रेम' के पण्डित प्राणी।
अनुभव कर वह दिव्य प्रणय, आनन्द मनाता।।

४२३. व्यक्ति समर्पित

विमल भावना से ही 'प्रेम' विलक्षण वर्धित।
सहज प्रेम पा प्रणयी अद्भुत अद्भुत गर्वित।।
यही प्रणय ज्यों सबसे उत्तम मौन साधना।
स्वर्गाधिक सुख इसमें पाता व्यक्ति समर्पित।।

४२४. दिव्य अलौकिक

यदि, मन प्रमुदित, सारे दुख मिटते शारीरिक।
इस मन से ही सदा सन्तुलित स्वास्थ्य मानसिक।।
अगर, नियन्त्रित अश्व तुल्य मन अपने वश में।
इससे अनुभव सुख प्रतिपल ही दिव्य अलौकिक।।

४२५. सुन्दर भाव

मन ही अद्भुत/अनुपम/सुन्दर भाव जगाता।
प्रज्ञ नियन्त्रित मन कर्मों में नित्य रमाता।।
सूर्य उदित होते ही जैसे नष्ट तमस त्यों।
प्रमुदित मन सारी बाधाएँ स्वतः हटाता।।

४२६. विषैला यह मन

बहुत विषैला यह मन, अमृत इसे बनाएँ।
इसे नियन्त्रित रखें, व्यर्थ ही ना भटकाएँ।।
यदि, मन मैला, तन धोने से लाभ तनिक ना।
हम प्रयास कर तन/मन, रवि/शशि सम उजलाएँ।।

४२७. समय के साथ

मनोवृत्तियाँ अपनी रक्खें विमल सर्वदा।
इस मन को ना रहने दें हम विकल सर्वदा।।
मित्र समय के साथ चलें बन कर्मशील ही।
विश्वजयी सम रहें सर्वतः सफल सर्वदा।।

४२८. अनुपम ज्ञानी

उपदेशों से मुक्ति तत्त्वतः कभी न सम्भव।
जग से प्रतिदिन हम अनुभव लें अभिनव अभिनव।।
अनुपम ज्ञानी बोलो किसको नहीं रिझाते ?
सफलीभूत विशेष 'ज्ञान' से जीवन उत्सव।।

४२६. माँ का ममत्व

अमृतसागर सम अनुपम माँ का ममत्व ही।
कभी न अनुभव सबको इसका गहन तत्त्व ही।।
दिव्य स्वर्ग से बहुत अधिक गरिमामय माता।
इसीलिए इसका सर्वाधिक ही महत्त्व ही।।

४३०. वसन्त सम

दुखमय/विचलित/लम्बा जीवन नहीं बिताएँ।
दीर्घकाल तक कष्ट नरक सम नहीं उठाएँ।।
हम वसन्त सम जीवन यापन करें नित्यशः।
श्रम/मति/बल से नभ सम उच्च सफलता पाएँ।।

४३१. देश की लाज

महासमर में वीरपुरुष निज प्राण गँवाते।
लड़ सीमा पर स्वयं देश की लाज बचाते।।
घोर वीरता स्वतः प्रदर्शित इनसे रण में।
इनके आगे श्रद्धा से सब शीश नवाते।।

४३२. रचनाधर्मी

रचनाधर्मी मन में भाव सुखद उपजाते।
केवल पाठक के मन को ये ना बहलाते।।
स्वयं पथप्रदर्शक समाज के 'विधि' समान ये।
सबके ही मन दिव्य मनुजता सहज जगाते।।

४३३. हर्ष

सागर सम ही सज्जन के मन हर्ष सर्वदा।
स्वयं चाहते वे जग का उत्कर्ष सर्वदा।।
उनका मन दुर्जन सम बिलकुल भी दूषित ना।
परहित में वे करते ही संघर्ष सर्वदा।।

४३४. सज्जन

गंगाजल सम सहज द्रवित हो जाते सज्जन।
सबके सुख/दुख में भी हाथ बँटाते सज्जन।।
धर्म/कर्म में उनकी अद्भुत गहरी निष्ठा।
छलप्रपंच मन में बिलकुल ना लाते सज्जन।।

४३५. अतिसुखदायक

जैसे सूरज तमसविनाशक, विश्वप्रकाशक।
त्यों ही सज्जन कष्टनिवारक, अतिसुखदायक।।
बिना कहे सबकी आशा वे पूरी करते।
दीनों के वे आजीवन ही सदा सहायक।।

४३६. परधन पर

सज्जन परधन पर ना अपने नयन गड़ाते।
ना उत्तम कर्मों में अपनी टाँग अड़ाते।।
सबके प्रति सद्भाव विलक्षण/निर्मल रखते।
आपस में वे कभी किसी को नहीं लड़ाते।।

४३७. मुदित चन्द्र सम

कभी किसी की तनिक न निन्दा करते सज्जन।
मुदित चन्द्र सम गतिमय/पुलकित रहते सज्जन।।
वंश, देश का मान बढ़ाते सत्कर्मों से।
जनहित में भारी दुख तक भी सहते सज्जन।।

४३८. महिमामय

अतिसज्जन निश्चित ही आजीवन करुणामय।
उनके सारे कर्म वस्तुतः ही गरिमामय।।
बहुत प्रभावित करते ही निर्धन सज्जन भी।
सज्जन का व्यक्तित्च विलक्षण ही महिमामय।।

४३६. सुख दैविक

सदा तुच्छतम ही मानें हम सब सुख दैहिक।
स्वतः अन्ततः दुख ही देते सब सुख भौतिक।।
कोई माने या ना माने, यही सत्य ही।
नित्य सहज आनन्दप्रदाता ही सुख दैविक।।

४४०. नेहपात्र

नेहपात्र को व्यक्ति कभी भी भूल ना पाता।
क्योंकि, उसी की यादों में वह बस ही जाता।।
सहज नेह का बन्धन सचमुच ही अटूट ही।
नेहमग्न को यह अपार आनन्द दिलाता।।

४४१. अनुपम बिटिया

संस्कृत की अनुपम बिटिया ही हिन्दी भाषा।
दिव्य/अलंकृत/अद्भुत/रसमय हिन्दी भाषा।।
कोटि कोटि हृदयों में यह महनीय धड़कती।
महिमामय/गरिमामय/मधुमय हिन्दी भाषा।।

४४२. दिव्य क्षमा

दिव्य क्षमा से साधारण भी महातपस्वी।
क्षमाशील तो निश्चित रवि सम अतितेजस्वी।।
ब्रह्म तुल्य ही क्षमा सर्वथा साधक हित ही।
क्षमादान से पुरुष सर्वतः महायशस्वी।।

४४३. प्रणयपन्थ

प्रणय अग्नि में आजीवन ही जलते रहिए।
प्रणय थपेड़े प्रतिदिन/प्रतिपल सहते रहिए।।
लक्ष्यसिद्धि होगी ही निश्चित स्वतः अन्ततः।
प्रणयपन्थ पर शुद्ध हृदय से चलते रहिए।।

४४४. अन्तिम गन्तव्य

तन/मन रखना स्वस्थ परम कर्तव्य वस्तुतः।
मानें मानव जीवन सबसे भव्य वस्तुतः।।
दीप जलाए रखें 'ज्ञान' के आजीवन ही।
'महामुक्ति' सबका अन्तिम गन्तव्य वस्तुतः।।

४४५. कर्मनिष्ठ ही..

कर्मनिरत का मन उदास बिलकुल ना रहता।
कर्मशील तो जो कहता, वह निश्चित करता।।
ना उदास वह, सक्रिय/अनुपम, नहीं आलसी।
कर्मनिष्ठ ही..अन्यों को भी गतिमय रखता।।

४४६. सत्य

बिना सत्य के धर्म/अहिंसा कहीं न रक्षित।
सत्य बिना तो मनुज वस्तुतः कभी न गर्वित।।
सत्य ईश का दिव्य रूप अनुभूत सर्वथा।
सत्यनिष्ठ जो महापुरुष, वे अद्भुत चर्चित।।

४४७. कोष 'इन्द्र' का

चिन्ता में जो समय गया, वह नष्ट स्वतः ही।
इससे निश्चित नरक तुल्य ही कष्ट स्वतः ही।।
चिन्तन में जो समय गया, वह कोष 'इन्द्र' का।
उससे जीवन नहीं कभी भी भ्रष्ट स्वतः ही।।

४४८. प्रणय की माया

सकल विश्व ही सहज 'प्रेम' में स्वतः समाया।
दिव्य प्रणय पाकर ही पुलकित पुलकित काया।।
चंचल मन इससे सुस्थिर/प्रमुदित/अद्भुत ही।
अनुपम/सम्मोहक ही दिव्य प्रणय की माया।।

४४९. सद्भाव

दिव्य प्रेम ही मन के संशय सहज मिटाता।
रम्य/अलौकिक/अनुपम/दैविक सुख पहुँचाता।।
अतुलित महिमा इसी 'प्रणय' की यह जग जाने।
सबके प्रति 'सद्भाव' विलक्षण प्रेम सिखाता।।

४५०. मानव निश्छल

प्रतिभाहीन पुरुष की रचना बिलकुल निष्फल।
जीवन रण में सदा निरर्थक कायर का बल।।
वित्त कृपण का अर्थहीन ही व्यर्थ सर्वतः।
सदा सफलतम निज जीवन में मानव निश्छल।।

४५१. निर्मल भाव

दिव्य प्रेम ही सब दोषों को सहज हटाता।
मन में निर्मल भाव विलक्षण यही जगाता।।
अतुलित वैभव देता जग में यह 'प्रणयी' को।
उसके मन के कष्ट यही सब त्वरित मिटाता।।

४५२. सहज/निश्छल

अपनी इच्छाओं को तुम सीमित ही रखना।
छलप्रपंच तुम कभी किसी से तनिक न करना।।
आजीवन अभिमान नहीं करना वैभव का।
निर्मल 'भक्त' समान सहज/निश्छल ही रहना।।

४५३. अभिलाषाएँ

अभिलाषाएँ अन्तरिक्ष सम ही अनन्त ही।
मनुज कभी ना पाता उनका आदि/अन्त ही।।
जितनी इच्छाएँ, विपदाएँ उतनी उतनी।
'इनसे सचमुच बचें', बोलते विमल सन्त ही।।

४५४. त्रिभुवन में

अनुपम कवियों की रचना विद्युत सम द्योतित।
काव्य/शास्त्र से निश्चित ही यह सम्यक् बोधित।।
इसकी महिमा तो 'त्रिभुवन' में स्वतः व्यापती।
जगनिर्माता 'विधि' सम ही कवि अद्भुत शोभित।।

४५५. सत्साहित्य

आदिकाल से 'कविवर' अगणित ग्रन्थ रचाए।
अपनी प्रतिभा का लोहा भी वे मनवाए।।
सत्साहित्य विमल दर्पण सम ही समाज का।
इस त्रिभुवन में कविवर अद्भुत धूम मचाए।।

४५६. साधारणीकरण

कविकण्ठों ने जाने कितने गीत सुनाए !
भरी सभा वे 'शेषनाग' सम बहुत झुमाए।।
उनका साधारणीकरण तो सार्वजनिक ही।
अनुपम रसिकों को ही वे सब सतत रिझाए।।

४५७. मानव की गरिमा

विमल चरित से निश्चित विकसित अद्भुत प्रतिभा।
सच्चरित्र से ही वर्धित मानव की गरिमा।।
जब देते उपदेश, सन्त यह कहते सबसे।
'है चरित्र की सारे जग में अनुपम महिमा'।।

४५८. चरित्र से ऊँचा

जो चरित्र से ऊँचा, वह प्रायः ना झुकता।
शुभसंकल्पित वह 'जनसेवा' में ना रुकता।।
सहज लाँघता वह अभेद्य दुख की दीवारें।
महापुरुष सम उसका मन प्रायः ना दुखता।।

४५९. सच्चे शिक्षक

सच्चे शिक्षक उत्तम बातें ही सिखलाते।
शिष्यों को वे आजीवन 'सत्पथ' दिखलाते।।
सहज ढहाते मतभेदों की दीवारें वे।
दिव्य ज्ञान दे, समता के ही पाठ पढ़ाते।।

४६०. ललक ज्ञान की

शिक्षक बच्चों को प्रतिदिन ही सदा पढ़ाएँ।
ललक ज्ञान की उनके मन में नित्य जगाएँ।।
जीवन के 'आदर्श' सिखाएँ वे बच्चों को।
अनुभव से वे उनका अद्भुत ज्ञान बढ़ाएँ।।

४६१. हिमगिरि जैसा

ज्ञान बिना तो मनुज अधूरा ही कहलाता।
अज्ञानी जीवन में कष्ट नरक सम पाता।।
ज्ञान पुष्ट करता मनुष्य को हिमगिरि जैसा।
ज्ञानी निज व्यक्तित्त्व सूर्य सम ही दमकाता।।

४६२. बलिदानी

वीर समर में जो मरते, वे तो बलिदानी।
वंश/देश में वे निश्चित अद्भुत सम्मानी।।
समरविमुख ना मरते, वे तो निन्द्य सर्वतः।
नहीं जानते 'कालतत्त्व' कायर/अज्ञानी।।

४६३. वीरों की महिमा

काल/समर से वीर वस्तुतः कभी न डरते।
देश हेतु वे रह सीमाओं पर ही मरते।।
वीरों की महिमा गाते ही मुग्ध देवता।
मातृभूमि की सेवा वे मन से ही करते।।

४६४. कालसर्प

कालसर्प तो जिसको चाहे, उसको डँसता।
इक पग भी यह पीछे बिलकुल भी ना हटता।।
काल किसी के वश में ना, सब वश में इसके।
घोर वज्र से भी कठोर ही इसकी दृढ़ता।।

४६५. दूसरों की चिन्ताएँ

व्यर्थ दूसरों की चिन्ताएँ तुम ना करना।
काम स्वयं के अचल बुद्धि से करते रहना।।
सभी धर्मग्रन्थों का सार कहा यह अनुपम।
रह निश्चिन्त विशेष हृदय/मन प्रमुदित रखना।।

४६६. सदा असीमित

कष्ट मानवों के हो सकते निश्चित सीमित।
पर, चिन्ताएँ स्वतः सर्वतः सदा असीमित।।
निज उपदेशों में भी निर्मल 'सन्त' बोलते।
'चाहे जो हो, व्यर्थ रहे ना मानव चिन्तित'।।

४६७. शुद्ध आचरण

धर्म सिखाते सब लोगों को शुद्ध आचरण।
नहीं ओढ़ते ये असत्य का विकट आवरण।।
जीवन रक्षित सत्य, अहिंसा, धर्म, ज्ञान से।
धारण करिए निजी 'धर्म' ही सदा आमरण।।

४६८. धर्म

मनुज गुणों को सहज 'धर्म' विकसित करवाता।
दैविक धर्म विशेष पुरुष को सुख पहुँचाता।।
कष्ट कभी भी तनिक न देता 'धर्म' किसी को।
धर्म सन्तुलित रखता, सबके भेद मिटाता।।

४६९. उचित समय पर

कर्तव्यों से आजीवन जो सदा भागता।
नियत कर्म हित उचित समय पर नहीं जागता।।
नरक तुल्य दुख वही भोगता प्रतिदिन भारी।
वही सफल, जो घोर दुखों से नहीं हारता।।

४७०. शक्ति प्रचण्ड

सच्चे वीर नहीं रहते उद्दण्ड वस्तुतः।
रिपुओं को वे देते न्यायिक दण्ड वस्तुतः।।
मातृभूमि की रक्षा करने 'संकल्पित' जो।
पवन तुल्य ही उनमें शक्ति प्रचण्ड वस्तुतः।।

४७१. प्रथम विशेषण

सब धर्मों का प्रथम विशेषण सहज नम्रता।
स्वर्ग अवतरित अनायास ही जहाँ नम्रता।।
जहाँ विविध संस्कार विलक्षण, अनुशासन भी।
विद्यमान ही स्वतः वस्तुतः वहीं नम्रता।।

४७२. महायशस्वी

जो अपने मन में विनम्रता सहज धारते।
कर प्रयास जो दुर्गुण/दोषों को सुधारते।।
महायशस्वी वे आजीवन सुख पाते ही।
निज स्वभाव से वे अपना कुल/देश तारते।।

४७३. क्षणभंगुर

'क्षणभंगुर यह काया', जिनको ज्ञान वस्तुतः।
श्रम से पाते जो अद्भुत सम्मान वस्तुतः।।
दृढ़संकल्पित धीरज रखते जो जीवन में।
सचमुच ही वे 'देव' तुल्य मतिमान वस्तुतः।।

४७४. हृदय पुलकित

उपकारी को कार्य विलक्षण सुख पहुँचाते।
ऐसे ही सत्कर्म व्यक्ति के पुण्य बढ़ाते।।
स्वर्ग ओर ले जाते ही 'उपकार' पुरुष को।
निश्चित ये उपकार हृदय पुलकित करवाते।।

४७५. विलक्षण प्रेम

कच्चा फल ज्यों स्वाद रहित कुछ तीता लगता।
त्यों ही छिछला प्रेम त्रासदायक ही रहता।।
किन्तु, विलक्षण प्रेम विमल/अद्भुत/अनुपम ही।
घोर घोर कष्टों में भी अतिपुलकित रखता।।

४७६. आनन्द

प्रणयमग्न तो दुख में भी आनन्द मनाता।
निज मन में वह स्वर्गाधिक सुख अनुपम पाता।।
उसे नरक में भी अद्भुत आनन्द सुलभ ही।
प्रणय मनुज का जीवन रवि सम ही उजलाता।।

४७७. सुस्थिर मन से

निष्क्रिय मन मानव को प्रतिदिन दुख पहुँचाता।
सक्रिय मन से मनुज स्वतः अद्भुत सुख पाता।।
जंगल में अजगर सा यह मन घोर आलसी।
सुस्थिर मन से साधक नित आनन्द मनाता।।

४७८. मनोनियन्त्रित

विद्यमान..शब्दों में अद्भुत शक्ति वस्तुतः।
मनुज करे ही मन से निर्मल भक्ति तत्त्वतः।।
अन्तरिक्ष सम उच्च सफलता निश्चित उसको।
कर्मशील यदि, मनोनियन्त्रित व्यक्ति सत्यतः।।

४७९. वर्तमान

निर्बल तन तो..रोगों को आमन्त्रित करता।
दुर्बल मन नित दोषयुक्त विचलित ही रहता।।
वही सफलतम तन/मन जिसके स्वस्थ सर्वतः।
वर्तमान अपना वह अद्भुत सुख में रखता।।

४८०. मन के भाव

मन के भाव समझना जग में बहुत कठिन ही।
घोर असुर सम मनुज, अगर, मन विकट मलिन ही।।
व्यक्ति कुलाँचें भर सकता जीवन के वन में।
यदि, उसका मन त्यों गतिमय ज्यों रम्य हरिन ही।।

४८१. शोभित

किसी अन्य की त्रुटियों पर हम ना हों क्रोधित।
करें स्वयं की त्रुटियों को मन से संशोधित।।
दोष/छिद्र अन्यों के हम बिलकुल ना देखें।
व्यक्ति इसी से रवि, शशि, नभ, सागर सम शोभित।।

४८२. क्षमा करें

क्षमा करें अन्यों की भूलें हम जीवन में।
कटुता/वैर कभी ना रक्खें अपने मन में।।
करके पश्चात्ताप स्वयं की भूल सुधारें।
सुख के पुष्प खिलाएँ हम मन के उपवन में।।

४८३. दिव्य/अलंकृत

भाषाओं से दिव्य/अलंकृत देश वस्तुतः।
भाषाओं से रम्य रम्य परिवेश सर्वतः।।
स्वतः मनुज से मनुज जोड़तीं ये भाषाएँ।
ये ही हरतीं विचलित मन के क्लेश सत्यतः।।

४८४. युगों युगों तक

युगों युगों तक भाषाएँ बिलकुल ना मरतीं।
निज वर्णों से विद्यमान सचमुच ही रहतीं।।
विविध विविध रचनाएँ करवातीं अनुपम ये।
जाने कितने छन्द विलक्षण अद्भुत रचतीं।।

४८५. कल्पलता सम

कल्पलता सम अनुपम वरदायक निज भाषा।
जो भी चाहें, पल में ही देती निज भाषा।।
निज भाषा के स्वर्गाधिक आनन्द अनूठे।
अमृत सम ही सुख नित बरसाती निज भाषा।।

४८६. माँ

सन्तानों पर माता अनुपम नेह लुटाती।
सन्तति हित वह आजीवन ही कष्ट उठाती।।
चक्रवात सम दुख भी सहती वह स्वभावतः।
सन्ततियों के मन को माँ सुख ही पहुँचाती।।

४८७. पावनता

विद्यमान माता के चरणों में मानवता।
बच्चों को ना कभी सिखाती माँ दानवता।।
ममता की अनुपम मूरत यह सकल सृष्टि में।
माता जैसी कहीं नहीं मिलती पावनता।।

४८८. माँ..जैसे छाया

सन्तानों के साथ सदा माँ..जैसे छाया।
विकसित करती यह सन्तति की अद्भुत काया।।
सकल सृष्टि में मोल नहीं माँ की ममता का।
देवों तक ने माता का यश मधुरिम गाया।।

४८९. जनहित में

'सचमुच यह जीवन तो अति अद्भुत/अनन्त ही।
स्वर्ग तुल्य वैभव का बिलकुल नहीं अन्त ही।।
हम इस जग में कर्म करें प्रायः जनहित में'।
देते ये उपदेश विलक्षण विमल सन्त ही।।

४९०. जीवन का अर्थ

यौवन, धन, प्रभुता से घोर अनर्थ प्रायशः।
है अविवेक सदा जीवन में व्यर्थ प्रायशः।।
इनसे सब कुछ स्वतः नष्ट ही, सत्य मानिए।
निज मति से समझें जीवन का अर्थ प्रायशः।।

४९१. पुरुषार्थ

अर्थ वस्तुतः यौवन का, पुरुषार्थ सर्वथा।
आजीवन ही करें प्रबल पुरुषार्थ सर्वथा।।
यह पुरुषार्थ विशेष व्यक्ति को सफल बनाता।
क्या क्या ना करवाता यह पुरुषार्थ सर्वथा !!

४६२. मन की शोभा

अतिकठोर श्रम करने से ही तन की शोभा।
सदा नियन्त्रित रखने से ही मन की शोभा।।
सत्य/धर्म से शोभा अद्भुत सच्चरित्र की।
संयम से ही अद्भुत इस यौवन की शोभा।।

४६३. विजय कामना

घोर रोगशैया पर वीर कभी ना मरते।
जाते ही वे स्वर्ग, प्रबल रण अद्भुत करते।।
सदा देश की जनता वीरों के गुण गाती।
विजय कामना महावीर निज मन में रखते।।

४६४. सत्य/ज्ञान/समता

सत्य/ज्ञान/समता जिनके मन प्रतिपल व्यापक।
धर्म/भक्ति/श्रद्धा जो धारण करते साधक।।
विघ्न उन्हीं के जीवन के सब स्वतः नष्ट ही।
स्वर्ग जीत सकते निश्चित ही वे आराधक।।

४६५. विश्वास विलक्षण

है 'विश्वास' विलक्षण/अद्भुत शक्ति सत्यतः।
इससे आजीवन दृढ़तम ही व्यक्ति सर्वतः।।
यदि, विश्वास नहीं, तो जीवन मृत्यु तुल्य ही।
इससे ही नित सफल व्यक्ति की भक्ति तत्त्वतः।।

४६६. विज्ञान

चमत्कार 'विज्ञान' विलक्षण ही दिखलाया।
यही चन्द्र पर ही मनुष्य तक को पहुँचाया।।
पर, इसने धरती पर मानव को मानव सा।
सहज/सभ्य रहना बिलकुल भी नहीं सिखाया।।

४६७. विश्वरूपदर्शन

सुनते रहने से ही सुन्दर कान सुशोभित।
दिव्य मौन से ज्यों मुख उज्ज्वलतम आलोकित।।
विश्वरूपदर्शन से ही नयनों की शोभा।
दान/ज्ञान/उपकारों से ही जीवन द्योतित।।

४६८. स्वर्ग बसाएँ

इस तन को नित उपकारों में सदा रमाएँ।
मन के द्वारा तन से अद्भुत कर्म कराएँ।।
तन/मन की यदि, दिव्य स्वस्थता, तो सुख सारे।
इनके द्वारा धरती पर हम 'स्वर्ग' बसाएँ।।

४६९. धूम मचाएँ

सुघड़ देह से प्रतिदिन ही परमार्थ कराएँ।
अपने शुभकर्मों से जग में धूम मचाएँ।।
निज तन/मन निष्क्रिय बिलकुल भी ना रहने दें।
महामना सम स्वर्णिम जीवन सफल बनाएँ।।

५००. आकाशी अलख

जितना जीवन शेष, उसे सानन्द बिताएँ।
छलप्रपंच से दूर रहें, प्रतिपल मुसकाएँ।।
सोच 'सकारात्मक' ही रक्खें आजीवन ही।
शुभकर्मों का हम आकाशी अलख जगाएँ।।

५०१. सीमित

सत्य सदा ही रहता है निश्चित ही सीमित।
लेकिन, भूल/असत्य असीमित करते विचलित।।
सत्यनिष्ठ रहने से मन सन्तुष्ट सर्वथा।
इससे ही निश्चिन्त सर्वतः प्राणी जीवित।।

५०२. प्रेम/ज्ञान/वैराग्य

दिव्य सत्य में प्रेम/ज्ञान/वैराग्य समाहित।
सहज भक्ति से यह आजीवन निश्चित साधित।।
उक्त विलक्षण तत्त्व सत्य पर आधारित ही।
सकल सृष्टि में 'सत्य' कभी ना रहा विवादित।।

५०३. शुभसंकल्प

शुभसंकल्प मनुज को प्रतिपल सक्रिय करता।
संकल्पित व्यक्तित्व स्वयं को जाग्रत रखता।।
वह प्रयत्न के अश्वों को गतिमय रखकर ही।
लक्ष्यसिद्धि तक पहुँच बहुत आनन्दित रहता।।

५०४. कविता

शब्द वाद्य पर 'कविता' प्रिय संगीत सुनाती।
भावमग्न रखती श्रोता को, बहुत रिझाती।।
मन के घावों को सहला, दुख मेट हृदय के।
अति अद्भुत सुख के सागर में त्वरित डुबाती।।

५०५. सफल सर्वदा

जो जीवन से 'प्रेम' सदा निश्छल ही रखते।
स्वर्णिम स्वर्णिम समय कभी जो नष्ट न करते।।
मान समय को जो देते, वे 'सफल' सर्वदा।
व्यक्ति सफलतम आजीवन आनन्दित रहते।।

५०६. सहज बिताएँ

चाहे जिसके आगे यह सिर नहीं झुकाएँ।
कुत्ते जैसी लोट कभी भी नहीं लगाएँ।।
निष्ठा भी सन्दिग्ध ना रखें आजीवन ही।
स्वर्णिम समय विशेष 'प्रेम' से सहज बिताएँ।।

५०७. साहस

चाहे जो भी हो, तुम साहस कभी न खोना।
उत्तम चाहो, तो त्यागो तुम रोना धोना।।
हाथ किसी के आगे बिलकुल ना फैलाओ।
सदा समय को आजीवन ही मानो सोना।।

५०८. बड़ी भोर

बड़ी भोर विहगों को मन से स्वयं जगाती।
कृषकों को नियमित कर्मों में स्वतः लगाती।।
सक्रिय करती सकल विश्व यह कर्म हेतु ही।
स्वागत कर प्रियतम रवि का स्वर्णिम मुसकाती।।

५०९. स्वप्न

क्रोध/शयन/आहार आदि में अति से बचिए।
स्वप्न सफलताओं के स्वर्णिम/अनुपम रचिए।।
निभा सकें जिससे, उस पर अधिकार जमाएँ।
मात्र स्वार्थ हित नहीं किसी के आगे नचिए।।

५१०. सुख सेतु

खड़ी ना करें दीवारें, सुख सेतु बनाएँ।
अनुपम/स्वर्णिम समय कभी भी नहीं गँवाएँ।।
दीवारें तो मात्र अकेलापन ही देतीं।
जीवन में 'नन्दनवन' सम हरियाली लाएँ।।

५११. स्वर्णिम जीवन

अन्यों के अनुभव से समुचित लाभ उठाएँ।
प्रायः चिन्तन/मनन/ज्ञान में समय बिताएँ।।
मात/पिता को प्रतिदिन/प्रतिपल आदर दें ही।
बस..ऐसे ही **'स्वर्णिम जीवन'** सफल बनाएँ।।

❑❑❑❑❑❑❑

9 789390 889884